Fish & Fish

Delphine de Montalier

Fish & Fish

poissons entiers, poissons en filets, coquillages et crustacés

photographies de David Japy

MARABOUT

Maquereau
6,90

Faire son marché

sans hésiter !

poissons du jour

poissons frais

Conseils du marché

Que vous alliez chez un poissonnier, très fréquenté, ou dans un supermarché, bien achalandé, assurez-vous que l'endroit où vous vous procurez votre poisson dispose d'une sélection aussi fraîche que possible.

Le poisson doit toujours être présenté sur un épais lit de glace propre ; les étiquettes ne doivent jamais être piquées directement dedans. Si on ne vous laisse pas sentir le poisson... n'en prenez pas !

Poisson entier ou en filets ?

Je choisis toujours le poisson entier lorsqu'il est disponible : cela permet d'évaluer plus facilement sa fraîcheur. De plus, il est souvent moins cher que le filet et vous pourrez utiliser les parures pour préparer un fumet.

Poisson frais

- le poisson doit avoir une odeur de mer, un léger parfum d'algues ;
- les branchies doivent être brillantes, rouges ou roses et sans odeur ;
- les yeux doivent être brillants, surtout pas opaques, et les pupilles noires ;
- la chair doit être ferme au toucher et reprendre forme après une pression.

Sans hésiter

Demandez au poissonnier de vider et d'écailler les poissons choisis et de lever les filets ; il sait le faire et a certainement de meilleurs outils que vous !

Choisir des filets

Acheter des filets est très simple, vérifiez que l'odeur qui s'en dégage est fraîche et légère. Les filets doivent être translucides et non opaques, les bords ne doivent être ni secs ni décolorés en jaune ou en rougeâtre. Les filets doivent être fermes et leur peau brillante.

Un dernier conseil

Choisissez d'abord le poisson le plus frais et présentant le meilleur rapport qualité-prix... et ensuite la recette !

Quelle quantité ?

On compte généralement, par personne :
- tranches ou filets : 200 g
- poisson portion : 250 g
- gros poisson : 350 g
- poisson fumé : 100 g
- poisson cru : 100 g

Préparer le poisson

Si votre poissonnier ne l'a pas fait c'est à vous d'écailler, de parer, de vider le poisson et de lever les filets.

Écailler

Faites-le en remontant de la queue à la tête du poisson, au moyen d'un écailleur ; à défaut, grattez-le énergiquement avec la lame d'un couteau.

Attention • les poissons destinés à être cuits au gril ou au barbecue ne doivent jamais être écaillés.

Parer

Coupez la tête à l'aide d'un grand couteau puis coupez les nageoires avec de bons ciseaux et lavez le poisson avant de le vider.

Vider

Avec une paire de ciseaux ou un très bon couteau, faites une entaille sur le ventre, à partir de l'ouverture au niveau des ouïes ; retirez les entrailles et la membrane noire qui adhère au ventre ; rincez à nouveau le poisson.

Lever les filets

Munissez-vous d'un couteau mince suffisamment long et bien affûté, et incisez tout le long de l'arête dorsale, de la tête vers la queue. Passez le couteau très soigneusement sous la chair, le long des arêtes, et faites glisser la lame jusqu'à la queue. Retirez ainsi les filets délicatement en allant à la fois du centre vers les côtés et du haut vers le bas.

Enlever la peau d'un filet

Posez le filet à plat, côté peau sur le plan de travail, et faites une incision à la hauteur de la queue jusqu'à la peau. Glissez la lame du couteau entre la chair et la peau, en maintenant fermement la queue du poisson entre les doigts.

Enlever les arêtes

Aidez-vous d'une pince à épiler pour retirer les arêtes. Pour les plus rebelles, je vous conseille un couteau économe dans la lame duquel vous enfilerez l'arête ; vous le ferez pivoter sur lui-même pour l'extraire.

Conserver le poisson

Le poisson s'abîme rapidement, il faut le cuisiner peu de temps après l'achat : au-delà d'un jour ou deux, il n'est plus frais !
Sortez le poisson de l'emballage du poissonnier, rincez-le et enveloppez-le soigneusement dans du papier d'aluminium ou placez-le dans un plat et couvrez-le de film alimentaire.
Rangez votre poisson dans le haut du réfrigérateur.

Poisson cuit

Le poisson cuit se conserve dans un récipient en plastique fermé, placé au centre du réfrigérateur ; la durée de conservation est de deux à trois jours.

Congeler du poisson

Vous pouvez également congeler votre poisson (6 mois au maximum) à une température constante de – 18 °C.
Avant de congeler un poisson entier, je vous conseille de l'enduire d'huile afin que les écailles et la peau ne « cuisent » pas au contact du froid. Une fois dégelé, il gardera belle allure. Emballez-le soigneusement dans du papier d'aluminium.
Je préfère emballer les filets dans du film alimentaire et les ranger dans des sacs individuels sur lesquels je note bien le nom de mon poisson car après quelques mois je suis incapable de me rappeler si c'est du colin ou du cabillaud !

Pour dégeler le poisson

Placez-le dans le bas de votre réfrigérateur pour que le processus se fasse lentement.
Pour les grosses bêtes de 1,5 kg à 2 kg, il faudra attendre 24 heures ; pour les filets 6 à 8 heures devraient suffire.
Si vous n'avez vraiment pas le temps, vous pouvez accélérer la décongélation en utilisant le micro-ondes ou en faisant cuire votre poisson à la vapeur ou au court-bouillon.
Lorsque vous cuisinez un poisson encore congelé, sachez qu'il faut quasiment doubler le temps de cuisson.

Attention • un poisson dégelé doit être consommé le jour même.

Mon astuce à moi

J'ai toujours dans mon congélateur un sac de morceaux de poisson cru que je peux cuisiner rapidement pour mes enfants midi et soir sans courir chez le poissonnier tous les jours !

SMEG

Le poisson cuit rapidement

* mais il perd vite de son goût s'il est trop cuit, alors il se dessèche et c'est vraiment dommage !

* Le temps de cuisson dépend de tant d'éléments (forme du poisson, teneur en graisse, mode de cuisson) qu'il est indispensable d'apprendre par soi-même à juger de sa bonne cuisson.

* Dès que sa chair devient opaque dites-vous qu'il est cuit !

* Je choisis la façon de cuire mon poisson en fonction de la présentation de celui-ci : entier, en portion, en pavé ou filet.

* Je préfère cuire les gros poissons entiers au court-bouillon ou au four (rôtis ou braisés) ;

* pour les poissons portions et les filets (ou pavés) j'opte plutôt pour une cuisson en papillote, à la vapeur, sautés à la poêle ou grillés au barbecue.

Cuisson au court-bouillon

Cette méthode permet de cuire sans odeur ; elle est diététique mais nécessite une poissonnière. Si vous n'en avez pas, prévoyez une casserole assez large et déposer au fond une mousseline assez grande pour que les bords dépassent. Grâce à la mousseline, vous pourrez retirer le poisson intact.

Disposez le poisson dans un liquide froid sans le noyer ; le bouillon doit être court, bien assaisonné et acidulé. Sans couvrir la poissonnière, portez lentement à légers frémissements sans jamais laisser bouillir, vérifiez la cuisson et coupez le feu. Ainsi, le poisson peut attendre dans son bouillon sans continuer à cuire ni refroidir jusqu'au moment de servir.

Les temps de cuisson sont donnés à titre indicatif, restez vigilant et surveillez toujours la cuisson ! Comptez le temps à partir de l'ébullition.

Quelques temps de cuisson

- Bar 2 kg : 10 minutes
- Cabillaud 2 kg : 30 minutes
- Sole 500 g : 5 minutes
- Dos de congre 2 kg : 20 minutes
- Colin 2 kg : 15 minutes
- Mulet de pleine mer 2 kg : 15 minutes

Court-bouillon classique

10 minutes de préparation
40 minutes de cuisson
Pour 1 kg de poisson

2 l d'eau
2 oignons épluchés piqués de 2 clous de girofle
1/2 citron
2 cuillères à soupe de vinaigre
2 cuillères à soupe de gros sel
1 cuillère à soupe de poivre noir en grains enfermés dans une mousseline
1 brin de thym
1 feuille de laurier
1 branche de fenouil

Mettez tous les ingrédients dans une grande casserole. Portez à ébullition sur feu moyen et laissez frémir 30 minutes ; jetez les grains de poivre et poursuivez la cuisson 10 minutes. Laissez le bouillon reposer pendant 1 heure. Filtrez.

Court-bouillon épicé

2 l d'eau • 5 piments oiseaux • 1/2 citron
1 éclat d'anis étoilé • 4 tranches de gingembre
le zeste de 1 orange • 1 cuillère à soupe de vinaigre
1 cuillère à soupe de graines de coriandre
1 cuillère à soupe de graines de fenouil
2 cuillères à soupe de gros sel • 1 clou de girofle
1 cuillère à soupe de poivre noir en grains enfermés dans une mousseline • 1 brin de thym
1 feuille de laurier

Faites cuire tous les ingrédients de la même manière qu'un court-bouillon classique.

Court-bouillon au cidre

1 l d'eau • 1 l de cidre brut • 1 oignon épluché piqué de 1 clou de girofle • 1 carotte épluchée et coupée en gros morceaux • 1 poireau coupé en gros morceaux
1 branche de céleri coupée en gros morceaux
8 brins de persil • 2 cuillères à soupe de gros sel
1 cuillère à soupe de poivre noir en grains enfermés dans une mousseline

Faites cuire tous les ingrédients de la même manière qu'un court-bouillon classique.

Variante
Vous pouvez remplacer le cidre par du vin blanc sec ; dans ce cas, comptez 50 cl de vin et 1,5 l d'eau.

Fumet de poisson

5 minutes de préparation
15 minutes de cuisson

500 g de têtes et parures de poissons
2 l d'eau
2 carottes
1 poireau
2 échalotes
2 cuillères à soupe de vinaigre
1/2 citron

Mettez tous les ingrédients dans une grande casserole et portez à ébullition.
Laissez frémir 15 minutes, filtrez puis laissez refroidir.

Notes • Il s'agit d'un court-bouillon un peu plus concentré dans lequel on ajoute des têtes et des parures de poissons obtenues soit après avoir levé les filets soit auprès du poissonnier.
• Le fumet peut servir de base pour une soupe ou de bouillon pour pocher des filets de poisson quelques minutes à légers frémissements.

Cuisson au four

Poisson grillé

Placez le poisson sous le gril du four plus ou moins proche, en fonction de son épaisseur : plus un poisson est gros plus il doit être éloigné du gril, sinon les chairs n'auraient pas le temps de cuire. Pour bien faire, disposez une feuille de papier d'aluminium dans le fond de la lèchefrite, posez votre poisson dessus et assaisonnez-le ; surveillez la cuisson. Au deux tiers du temps indiqué, la peau doit être gonflée et noircie : il faut retirer le poisson du four, lui ôter sa peau, le retourner sur une nouvelle feuille de papier d'aluminium et poursuivre la cuisson.
Cette méthode un peu compliquée permet une vraie bonne cuisson et évite à la chair cuite de baigner dans un mélange de jus de cuisson et de peau grillée...
Cette méthode s'applique à beaucoup de poissons que vous pouvez aromatiser avec de l'huile d'olive ou même avec du beurre, farcir avec du fenouil, de la coriandre ou encore de la tapenade...
Les temps sont donnés à titre indicatif : il faut rester très vigilant et vérifier en cours de cuisson !

Quelques temps de cuisson
- Turbot 1,2 kg : 15 + 5 minutes
- Bar 1,5 kg : 9 + 5 minutes
- Bar 500 g : 7 + 3 minutes
- Maquereaux : 7 + 3 minutes
- Sardines : 5 + 3 minutes
- Daurade 2 kg : 15 + 7 minutes
- Saint-pierre 1,2 kg : 8 + 5 minutes
- Rougets : 7 + 3 minutes

Poisson en croûte de sel

Cette méthode consiste à faire cuire le poisson enrobé d'une épaisse couche de gros sel mélangé à des blancs d'œufs (1 kg de gros sel pour 2 blancs d'œufs) et à le laisser reposer quelques minutes dans sa croûte avant de le servir.
Un point très important : surtout n'écaillez pas le poisson avant de le faire cuire !
Ce type de cuisson est conseillé pour les beaux poissons à chair fine et pas trop dense, comme le bar ou la daurade.

Quelques temps de cuisson
- Aigle, bar 1 kg : 30 minutes
- Daurade 1,2 kg : 30 minutes
- Bar 2 kg : 45 minutes
- Mulet 2 kg : 35 minutes

Poisson braisé

Que ce soit pour des poissons entiers ou des poissons « portions », la cuisson doit se faire dans un plat couvert allant au four que vous pouvez tapisser de légumes mais que vous devez surtout arroser régulièrement de vin blanc ou de bouillon.
Vous pouvez varier les farces à loisir en fonction de ce que vous avez sous la main ou des produits de saison... Vous pouvez aussi poser le poisson sur un lit de légumes – des pommes de terre, par exemple.
Ce mode de cuisson est excellent pour la daurade, le turbot ou le carrelet, et même pour de petits poissons comme les rougets farcis de tapenade.

Quelques temps de cuisson
- Saint-pierre 1,5 kg : 30 minutes
- Daurade 1 kg : 20 minutes
- Carrelet 700 g : 20 minutes
- Turbot 2 kg : 40 minutes
- Rougets : 15 minutes pour les gros,
7 à 10 minutes pour les petits
- Queue de lotte 2 kg : 30 minutes

Poisson en papillote

C'est une méthode facile et sans odeur qui consiste à enfermer hermétiquement le poisson dans deux feuilles de papier d'aluminium ou de papier sulfurisé superposées, après l'avoir assaisonné (filet d'huile d'olive, citron, thym, mais aussi tomates, olives, vanille, gingembre).
Cette cuisson est très rapide et il vaut mieux bien connaître son four pour adapter les temps de cuisson.
Je vous conseille la cuisson en papillote pour les filets ainsi que pour les poissons « portions » ou les petits poissons. Vous pouvez parfumer les poissons avec des épices, des herbes, des légumes... Mais ayez la main légère car cette méthode de cuisson concentre les saveurs.

Quelques temps de cuisson
- Pavé de cabillaud 200 g : 20 minutes
- Pavé de lieu jaune 180 g : 15 minutes
- Pavé de saumon 200 g : 20 minutes
- Rougets : 20 minutes pour les gros,
10 minutes pour les petits
- Filet de saint-pierre 150 g : 12 minutes
- Filet de turbotin 160 g : 10 minutes
- Pavé de colin 180 g : 15 minutes

Cuisson à la vapeur

C'est ma cuisson préférée pour les pavés de poisson à chair ferme.

Portez à ébullition un bouillon bien parfumé, déposez les morceaux de poisson sur des feuilles de salade dans le panier vapeur afin de les protéger. Refermez le panier et comptez 3 à 10 minutes selon l'épaisseur des pavés.

Utilisez un cuit-vapeur que vous mettrez sur la position « maintien au chaud » pour obtenir une cuisson délicate. Si vous n'avez ni cuit-vapeur ni panier en bambou, vous pouvez mettre le poisson entre deux assiettes que vous placerez sur une casserole d'eau bouillante...

Vous pouvez aussi vous servir d'un égouttoir, mais faites attention à ce que le liquide ne touche jamais le poisson ! Il faudra sans doute allonger le temps de cuisson de 2 à 3 minutes.

Vérifiez que la cuisson est parfaite : le poisson est cuit dès qu'il est nacré à l'extérieur comme à l'intérieur et dès que les lamelles commencent à se détacher toutes seules ; il est trop cuit si la chair commence à s'effriter.

Le meilleur moyen pour savoir si un poisson est parfaitement cuit est de le toucher : il doit être à la fois ferme et mou au contact et surtout ne pas s'émietter sous la pression.

Utilisez des feuilles de laitue ou bien badigeonnez largement d'huile d'olive la surface sur laquelle le poisson repose pour qu'il n'attache pas pendant la cuisson.

Les algues, les tranches de citron, le thym, le laurier : tous ces parfums peuvent être associés à la cuisson à la vapeur. On ajoute ces ingrédients au bouillon ou on les pose délicatement sous le poisson.

Quelques temps de cuisson

- Filet de sole 150 g : 2 à 3 minutes
- Merlan portion 200 g : 5 à 6 minutes
- Rouget 200 g : 5 à 8 minutes
- Filet de rouget 100 g : 2 à 3 minutes
- Filet de mérou 180 g : 5 à 6 minutes
- Filet de lieu 200 g : 5 à 6 minutes
- Pavé de cabillaud : 7 à 10 minutes
- Pavé de lieu jaune 180 g : 5 à 7 minutes

Cuisson au micro-ondes

Voilà une cuisson très simple pour les filets de poisson. Disposez-les dans un plat non métallique, repliez la queue afin d'avoir la même épaisseur partout, assaisonnez, couvrez de film alimentaire et posez la cloche par-dessus, puis démarrez la cuisson. Laissez reposer quelques minutes avant de servir.

Quelques temps de cuisson

- Filet de lieu noir 150 g : 5 minutes
- Filet de cabillaud 200 g : 6 minutes
- Filet de julienne 150 g : 5 minutes
- Filet de sole 200 g : 3 minutes

À la poêle, nature ou pané

S'il s'agit de petits morceaux, farinez-les au préalable et faites-les sauter dans un peu d'huile ; s'il s'agit de morceaux plus gros ou de filets avec la peau, badigeonnez-les d'un peu d'huile d'olive et saisissez-les dans une poêle brûlante afin de former une croûte, puis terminez la cuisson plus doucement. Ne salez qu'à mi-cuisson pour que le poisson n'attache pas à la poêle.

Si vous préférez le goût du beurre à celui de l'huile d'olive, veillez à ne pas le laisser brûler, sans quoi cela devient vraiment mauvais pour la santé...

Quelques temps de cuisson

- Sole portion 250 g : au beurre 3 minutes de chaque côté
- Pavé de thon 200 g : à l'huile d'olive 2 minutes de chaque côté pour une cuisson « rouge »
- Pièce de lotte 100 g : dorez à l'huile d'olive tous les côtés pendant 3 minutes
- Filet de saint-pierre 150 g : à l'huile d'olive uniquement côté peau pendant 5 minutes ; terminez la cuisson à couvert
- Pavé de cabillaud 200 g : à l'huile d'olive uniquement côté peau pendant 5 minutes ; terminez la cuisson à couvert
- Pavé de saumon 200 g : à l'huile d'olive uniquement côté peau pendant 10 minutes ; terminez la cuisson à couvert

Poisson pané

Vous pouvez aussi paner les poissons avant de les faire cuire : les enfants apprécient beaucoup. Cela consiste à passer le poisson dans la farine, puis dans un œuf battu et enfin dans la chapelure. Il ne faut pas le faire trop longtemps à l'avance sinon l'enrobage risque de se craqueler et d'être très sec. Une variante consiste à badigeonner les morceaux de poisson de la moutarde avant de les mettre dans la chapelure.

Panure traditionnelle
Enrobez les filets de poisson de farine, roulez-les dans l'œuf battu et passez-les dans la chapelure avant de les saisir dans la poêle avec du beurre ou de l'huile d'olive.

Panure épicée
La technique est la même, mais vous ajouterez des épices dans la chapelure, selon votre goût : du cumin en poudre, des quatre-épices, du piment doux... Allez-y à doses homéopathiques pour ne pas risquer de gâcher le goût du poisson.
Un poisson pané s'accompagne toujours volontiers d'un quartier de citron, ne l'oubliez pas...

Friture

Pour frire du poisson il faut le plonger dans de l'huile chaude (190 °C). Si vous n'avez pas de friteuse, vous pouvez toujours utiliser un wok... Un conseil, si vous n'avez pas une bonne hotte aspirante évitez ce mode cuisson !

Cette méthode convient surtout aux poissons et morceaux de poissons de petites tailles.
Un poisson trop épais resterait insuffisamment cuit à l'intérieur malgré une croûte extérieure à point.
Avant de frire les poissons, il faut les sécher et les passer dans la farine, dans la panure, ou dans la pâte à beignets, la cuisson est très rapide, surveillez-la. Une fois cuit, posez le poisson sur du papier absorbant.
Il n'y a pas vraiment de temps de cuisson à indiquer, je vous conseille de bien surveiller et de goûter.
Quand les petits poissons sont bien dorés et bien croquants à l'extérieur a priori ils sont bien cuits !

Pâte à tempura

POUR UNE TRENTAINE DE PIÈCES
2 jaunes d'œufs
25 cl d'eau glacée
15 cl de fécule de maïs
15 cl de farine de blé
1,5 l d'huile de pépins de raisin

Dans un bol, fouettez les jaunes d'œufs avec l'eau glacée. Dans une jatte, mélangez la farine et la fécule. Versez les œufs et l'eau dessus et mélangez en laissant quelques grumeaux. Faites chauffer l'huile de pépins de raisin dans une friteuse ou à défaut dans un wok. Plongez les morceaux de poisson dans la pâte puis faites-les frire par petits groupes pendant 2 minutes environ jusqu'à ce qu'ils soient bien dorés.

Cuisson au barbecue

Rien de tel que la cuisine en plein air, pratique et sans odeur !

Je vous conseille d'utiliser une grille double, qui permet de retourner le poisson facilement. Veillez à ce qu'elle soit parfaitement propre et huilée.

Assurez-vous qu'il n'y a plus de flammes et que les braises sont belles.

Disposez le poisson à une certaine distance des braises : 10 à 12 cm pour les petits poissons et les tranches, 15 à 20 cm pour les grosses pièces.

Pour réussir une grillade, sélectionnez des pièces de moyenne épaisseur qui pourront cuire uniformément. Faites cuire des tranches ou des morceaux pas trop épais, des filets pas trop minces que vous veillerez à arroser régulièrement, des poissons entiers de petite taille ; s'ils sont plus gros, pratiquez plusieurs entailles en biais afin de permettre une meilleure répartition de la chaleur.

Qu'il s'agisse de poissons entiers, de filets ou même de brochettes de poisson, avant de les faire cuire au barbecue vous pouvez les faire mariner quelques heures au frais.

Quelques temps de cuisson (à titre indicatif)
• Rougets : 7 à 8 minutes pour les petits ; 10 à 12 minutes pour les gros
• Maquereaux : 7 à 8 minutes pour les petits ; 10 à 12 minutes pour les gros
• Sardines selon la taille : 6 à 7 minutes
• Tranches de poisson de 3 cm d'épaisseur : 8 à 10 minutes
• Poisson entier 1 kg à 1,5 kg : 15 à 20 minutes

Marinade orientale

10 cl d'huile d'olive
1 morceau de gingembre frais de 2 cm, râpé
1 pincée de pistils de safran
le zeste de 1/2 citron non traité

Laissez le poisson mariner au moins 30 minutes au frais. Cette marinade est parfaite pour le saumon, le thon ou la daurade.

Marinade aphrodisiaque

le jus de 1 citron
1 piment frais épépiné tranché finement
2 cuillères à soupe de sauce soja
2 pincées de gingembre en poudre
2 tiges de ciboule hachées

Faites mariner le poisson au moins 3 heures : saumon, thon, espadon...

Marinade au vin

2 cuillères à soupe de sauce soja
15 cl de vin blanc doux
2 cuillères à soupe de sucre en poudre
3 cuillères à soupe d'huile d'olive
1/2 bouquet de coriandre ciselée
1 cuillère à soupe de baies roses

Faites mariner le poisson 20 minutes avant de le faire griller : cabillaud, églefin, saumon, colin...

Marinade relevée

3 gousses d'ail hachées
le jus de 1/2 citron
1 verre de vin blanc sec
1 cuillère à soupe de persil plat haché
quelques gouttes de tabasco

Faites mariner le poisson 1 heure avant de le faire griller : thon, saumon, cabillaud, daurade...

Servir le poisson

Quand vous faites cuire un poisson entier que ce soit au four ou au court-bouillon, il n'est bien souvent plus très présentable. Il vaut mieux préparer les filets que d'apporter sur une table un poisson entier avec ses yeux blancs et ses arêtes qui risquent de dégoûter vos amis plutôt que de leur donner envie de se resservir...

Est-il bien cuit ?

Avant de préparer le poisson, vérifiez toujours sa cuisson : la tête doit s'enlever sans résistance, il est à peine rosé à l'arête, les filets se détachent sans difficulté, la chair est nacrée ou très blanche selon le poisson et au toucher il est légèrement ferme et moelleux.

Préparer le poisson

Commencez par retirer la peau, détachez les arêtes de côté, prélevez les deux filets, retournez le poisson et procédez de même de l'autre côté. Vérifiez à nouveau qu'il ne reste plus d'arêtes et servez le poisson sur un plat chaud.

Servir sur un plat chaud

Il existe plusieurs façons de préparer un plat chaud : le passer sous l'eau bouillante, faire chauffer de l'eau dans la bouilloire et remplir le plat au dernier moment, faire couler de l'eau chaude dans le plat dans l'évier, chauffer le plat dans le four à 100 °C, ou encore au micro-ondes, couvert d'eau... Autant de solutions pour vous aider à servir un poisson bien chaud.

Bien égoutté

Avant de servir un poisson cuit au court-bouillon, veillez à bien l'égoutter sur du papier absorbant avant de le mettre dans son plat de service ou de le disposer dans les assiettes.
Vous veillerez de même à bien égoutter le poisson frit et à le passer sur du papier absorbant avant de le servir.

L'apéro s'éternise

Si vos amis tardent à se mettre à table alors que votre poisson est cuit et prêt à être servi, ne paniquez pas : mettez-le dans le four à température modérée (150 °C), couvert d'une feuille de papier d'aluminium et laissez la porte du four entrouverte. Profitez-en pour passer les assiettes sous l'eau chaude.

Et le vin, alors ?

Les poissons grillés ou au court-bouillon s'accompagnent de vins blancs secs comme le chablis, le pouilly fumé ou pouilly-fuissé, le sancerre, le muscadet etc., mais aussi de vins plus moelleux comme le montrachet, le meursault, le vouvray sec, le riesling... ou encore d'un bordeaux rouge léger.
Les poissons cuits en sauce doivent être accompagnés du vin qui a servi à la préparation. Pour les fruits de mer, choisissez également des vins blancs très secs.

Sur la table

Une huile d'olive de qualité et des quartiers de citron sont indispensables.
Ayez aussi un moulin à poivre, avec uniquement du poivre noir et non pas un assortiment savant de plusieurs épices – pas de clou de girofle envahissant, qui vient gâcher le goût du poisson – et aussi bien sûr de la fleur de sel à volonté.
Les couverts à poisson, si vous en avez, sont bien agréables à utiliser... Si vous n'en avez pas, pensez aux brocantes : ils seront peut-être dépareillés mais sur une nappe en lin blanc, avec un bouquet de fleurs tout prend d'un coup un air de fête.

53

Apéritif

poutargue

aubergines aux anchois

tarama

rogues de hareng

acras

Poutargue, huile d'olive et citron

Pour 6 à 8 personnes (18 pièces)
10 minutes de préparation

2 poutargues
6 tranches de pain de campagne grillées
2 citrons
huile d'olive
poivre du moulin

Coupez chaque tranche de pain grillé en trois. Disposez-les sur un grand plat et versez un filet d'huile d'olive dessus.
À l'aide d'un couteau économe, couvrez les tranches de pain de fines lamelles de poutargue.
Pressez dessus le jus d'un citron et donnez un tour de moulin à poivre.
Servez accompagné de quartiers de citron.

Sandwich de sardines écrasées au beurre salé

Pour 4 personnes
15 minutes de préparation

12 sardines à l'huile sans arêtes
1 baguette bien fraîche et croustillante
25 g de beurre salé
1/2 bouquet de persil plat grossièrement haché
le jus de 1 citron
poivre du moulin

Égouttez les sardines, écrasez-les à la fourchette en incorporant petit à petit le jus de citron puis le beurre ramolli et le persil plat. Donnez un tour de moulin à poivre.
Coupez la baguette en quatre, coupez chauqe morceau en deux dans le sens de la longueur et ôtez une partie de la mie. Étalez les sardines écrasées au beurre salé et croquez votre sandwich...

Tarama maison

Pour 6 à 8 personnes
15 minutes de préparation

300 g d'œufs de cabillaud fumés
2 cuillères à soupe d'huile de tournesol
2 cuillères à soupe de crème fraîche
le jus de 1/2 citron
poivre du moulin

Épluchez la poche d'œufs de cabillaud et récupérez les œufs dans un grand bol. Écrasez-les à la fourchette en veillant à bien les détacher.
Ajoutez petit à petit l'huile de tournesol pour obtenir une consistance très lisse. Si vous avez toujours des grumeaux, vous pouvez donner quelques tours de mixeur mais je vous conseille fortement de préparer votre tarama à la main, c'est vraiment meilleur.
Intégrez le jus de citron puis la crème fraîche et assaisonnez d'un tour de moulin à poivre, goûtez et rectifiez l'assaisonnement : vous pouvez ajouter selon votre goût du citron, de la crème et du poivre.
Conservez au frais avant de servir avec des toasts de pain de mie frais et des quartiers de citron.

Conseil • Vous trouverez facilement les poches d'œufs de cabillaud fumé au rayon frais des supermarchés ; choisissez-les bien molles.

Œufs de saumon au wasabi

Pour 6 à 8 personnes (18 pièces)
15 minutes de préparation
10 minutes de cuisson

100 g d'œufs de saumon
18 pommes de terre rattes de taille moyenne
10 cl de crème fraîche
1 cuillère à café de pâte wasabi
sel, poivre du moulin

Faites cuire les pommes de terre non épluchées 10 à 15 minutes dans l'eau bouillante salée. Vérifiez la cuisson avec la pointe d'un couteau et laissez-les refroidir.
Coupez-les aux deux tiers dans le sens de la longueur, jetez le dessus, et, à l'aide d'une cuillère à pamplemousse, creusez la chair des pommes de terre en veillant à ne pas les abîmer. Réservez-les.
Dans un bol, fouettez la crème fraîche avec le wasabi et une pincée de sel, intégrez la chair des pommes de terre écrasée à la fourchette. Garnissez chaque pomme de terre de ce mélange, couvrez d'œufs de saumon et donnez un tour de moulin à poivre.
Servez les pommes de terre accompagnées d'un verre de saké bouillant.

Acras de morue

Pour 6 personnes
12 heures de trempage
30 minutes de préparation
30 minutes de cuisson

400 g de morue salée
2 œufs
200 g de farine
1/2 cuillère à café de levure chimique
1 feuille de laurier
1 oignon
2 gousses d'ail
4 tiges de ciboule
1/3 de piment antillais
huile de friture

La veille, faites dessaler la morue dans de l'eau froide. Changez l'eau plusieurs fois.
Le jour même, couvrez la morue d'eau froide dans une casserole, ajoutez le laurier et portez à légers frémissements sur feu doux. Arrêtez le feu et laissez la morue tiédir dans l'eau. Égouttez-la, enlevez la peau et les arêtes et émiettez-la finement.
Cassez les œufs en séparant les blancs des jaunes. Dans un saladier, disposez la farine et la levure en fontaine, incorporez 15 cl d'eau, l'oignon, l'ail et la ciboule hachés puis les jaunes d'œufs. Battez les blancs en neige très ferme et incorporez-les délicatement à la préparation, ainsi que la morue et le piment épépiné et haché finement.
Faites chauffer l'huile de friture à 170 °C. À l'aide d'une petite cuillère, prélevez des boulettes de pâte et faites-les glisser délicatement dans l'huile. Laissez-les 3 minutes environ : elles doivent être bien dorées. Égouttez les boulettes sur du papier absorbant.
Servez immédiatement avec des quartiers de citron vert ou jaune.

Conseil • Les piments antillais ont la forme de petits lampions. Ils sont très forts, alors allez-y avec modération. Enlevez bien les graines et essayez de ne pas les toucher avec les doigts une fois qu'ils sont tranchés.

Rillettes de cabillaud

Pour 6 à 8 personnes
25 minutes de préparation
30 minutes de cuisson

250 g de filet de cabillaud
250 g de haricots blancs frais
1 oignon
1 clou de girofle
1/2 bouquet de ciboulette
2 cuillères à soupe de crème liquide
2 cuillères à soupe d'huile d'olive
quelques feuilles de laitue
fleur de sel, poivre du moulin

Écossez les haricots et faites-les cuire 30 minutes dans l'eau bouillante salée avec l'oignon piqué du clou de girofle.
Dans la partie basse d'un cuit-vapeur, mettez de l'eau froide ; posez le poisson sur les feuilles de salade dans la partie haute et fermez. Faites cuire 10 minutes puis vérifiez la cuisson : le poisson est cuit dès qu'il est nacré à l'extérieur comme à l'intérieur et quand les lamelles commencent à se détacher toutes seules ; il est trop cuit si la chair commence à s'effriter. Posez le poisson sur du papier absorbant, laissez-le refroidir puis émiettez-le grossièrement avec les doigts en éliminant les dernières arêtes.
Égouttez les haricots, ôtez l'oignon et mettez-les dans le bol d'un mixeur. Ajoutez le poisson, la crème liquide et l'huile d'olive et donnez quelques tours de mixeur sans pour autant réduire les aliments en purée : la consistance doit être inégale.
Versez ce mélange dans un grand récipient et parsemez-le de ciboulette ciselée. Assaisonnez avec la fleur de sel et un tour de poivre du moulin.
Servez ces rillettes de cabillaud avec des tranches de pain de campagne grillées, de l'huile d'olive, de la fleur de sel et du poivre du moulin à volonté...

Tartelettes de cabillaud

Pour 6 à 8 personnes (18 pièces)
20 minutes de préparation
20 minutes de cuisson

400 g de filet de cabillaud
230 g de pâte feuilletée
1/4 de citron
4 cuillères à café de vinaigre balsamique
6 brins de ciboulette
3 brins d'estragon
3 brins de coriandre
3 brins de persil
3 cuillères à soupe d'huile d'olive
quelques feuilles de laitue
fleur de sel, poivre du moulin

Préchauffez le four à 240 °C (thermostat 8). Découpez 18 petits disques de 6,5 cm de diamètre dans la pâte feuilletée. Disposez-les sur une plaque recouverte de papier sulfurisé légèrement huilé. Piquez-les avec une fourchette et mettez-les 10 minutes au four. Laissez refroidir quelques instants, sans arrêter le four, puis introduisez une lame fine dans l'épaisseur pour séparer chaque fond en deux parties. Repassez-les tous au four pendant 2 minutes.
Dans la partie basse d'un cuit-vapeur, mettez de l'eau froide, le citron et 1 cuillère à café de vinaigre balsamique, posez le poisson sur les feuilles de salade dans la partie haute et fermez. Faites cuire 10 minutes puis vérifiez la cuisson : le poisson est cuit dès qu'il est nacré à l'extérieur comme à l'intérieur et quand les lamelles commencent à se détacher toutes seules. Posez-le sur du papier absorbant, émiettez-le et réservez.
Préparez une vinaigrette le vinaigre balsamique et l'huile d'olive qui restent, la fleur de sel et du poivre du moulin. Superposez les fonds de tarte deux par deux et arrosez chaque fond de vinaigrette avant de disposer les lamelles de cabillaud sur le dessus et de saupoudrer des herbes ciselées. Terminez par un trait de vinaigrette sur chaque tartelette.

Croustillant de thon aux tomates confites
Procédez de la même manière pour préparer les fonds de tarte.
Pour la ganiture, versez dans une casserole 230 g de tomates concassées sans le jus avec 2 gousses d'ail, 1 cuillère à soupe de sucre, 1 cuillère à soupe d'huile d'olive, 1 tour de moulin à poivre et 1 pincée de sel. Laissez confire 30 minutes à feu doux.
Dans une poêle, faites chauffer 1 cuillère à soupe d'huile d'olive ; saisissez 300 g de thon rouge frais, 2 minutes de chaque côté puis coupez-le en 18 lamelles.
Répartissez la purée de tomates sur les fonds de tarte, déposez un morceau de thon et terminez par 1 feuille de basilic, 1 tour de moulin à poivre et 1 pincée de sel. Servez immédiatement.

Aubergines aux anchois

Pour 6 à 8 personnes (18 pièces)
30 minutes de préparation
20 minutes de repos
40 minutes de cuisson

4 belles aubergines
10 filets d'anchois à l'huile
30 g de mie de pain
10 cl de lait
18 feuilles de sauge
2 cuillères à soupe de crème fraîche
le jus de 1 citron
huile d'olive
sel, poivre du moulin

Découpez 2 aubergines dans la longueur en 9 tranches de 5 mm d'épaisseur. Saupoudrez-les de sel, recouvrez d'un torchon et laissez reposer 20 minutes.
Passez les 2 autres aubergines sous le gril, sortez-les dès qu'elles sont noires et emballez-les dans du papier d'aluminium.
Arrêtez le gril et préchauffez le four à 200 °C. Rangez les tranches d'aubergines sur la plaque du four recouverte de papier sulfurisé huilé puis huilez-les avec un pinceau. Déposez les aubergines entières sur la même plaque et passez-les 15 minutes au four. Sortez la plaque, retournez les aubergines entières et les tranches et badigeonnez-les d'huile d'olive puis remettez-les à cuire 15 minutes.
Faites tremper la mie de pain dans le lait.
Sortez la plaque, déballez les aubergines entières, coupez-les en deux dans la longueur, laissez-les refroidir puis prélevez la chair. Mixez-la avec les filets d'anchois, la mie de pain essorée, la crème fraîche, le jus de citron et un tour de moulin à poivre. Rectifiez l'assaisonnement. Déposez 1 feuille de sauge sur chaque tranche d'aubergine, et 1 cuillerée de farce à l'extrémité, puis roulez-les.

Rogues de hareng grillés

Pour 4 personnes
5 minutes de préparation
2 minutes de cuisson

250 g de rogues de hareng (œufs frais de hareng)
le jus de 1 citron
baguette grillée
huile d'olive
poivre du moulin

Faites chauffer une poêle antiadhésive badigeonnée d'huile d'olive, saisissez les rogues 1 minute de chaque côté et arrosez-les de jus de citron. Donner un tour de moulin à poivre et servez bien chaud, accompagné de baguette grillée.

Conseil • On trouve des œufs de harengs aux mois de février et mars. Certains poissonniers en vendent, d'autres auront peut-être du hareng frais pourvu d'œufs... Insistez bien pour qu'ils soient vraiment très frais.

Terrine de lotte des copines

Pour 6 à 8 personnes
30 minutes de préparation
1 heure 10 de cuisson

700 g de lotte
8 œufs
50 cl de crème fraîche
3 cuillères à soupe de concentré de tomates
1 cuillère à soupe de moutarde
1 yaourt nature
1/2 bouquet de ciboulette
sel, poivre du moulin

Faites cuire le poisson 10 minutes à la vapeur en suivant les indications de la page 20 puis vérifiez la cuisson : il doit être à peine cuit et rester bien ferme. Égouttez-le sur du papier absorbant et laissez-le refroidir.
Préchauffez le four à 180 °C (thermostat 6) et préparez le bain-marie : enfournez un plat suffisamment grand pour contenir un moule à tarte de 26 cm de diamètre, remplissez-le d'eau, elle doit couvrir les 2/3 du moule.
Battez les œufs en omelette, incorporez le concentré de tomates et la moitié de la crème fraîche. Salez et poivrez. Éliminez les petites peaux brunes du poisson et découpez-le en tronçons de 2 cm d'épaisseur. Mélangez-les à la préparation. Si vous n'avez pas de moule à cake « mou », disposez une feuille de papier sulfurisé dans votre moule, versez la préparation et laissez cuire au bain-marie 1 heure (au moment où vous enfournez le moule, le bain-marie doit être bouillant). Vérifiez la cuisson en enfonçant un couteau dans la terrine : la lame doit ressortir quasiment propre.
Laissez refroidir et conservez au réfrigérateur avant de servir accompagné de la sauce : mélangez le reste de crème fraîche avec la moutarde et le yaourt, assaisonnez avec la ciboulette ciselée, du sel et du poivre.

Conseil • La lotte étant un poisson cher, vous pouvez le remplacer par du cabillaud : le temps de cuisson à la vapeur sera légèrement inférieur, je vous conseille de bien surveiller.
C'est une recette que l'on se passe entre copines : facile à faire, elle épate pas mal !

Saumon au sucre de Zaza

Pour 10 personnes
10 minutes de préparation
9 à 12 heures de marinade

1 saumon de 1,5 kg à 2 kg
2 kg de gros sel blanc
1 kg de sucre cristal spécial confiture

Demandez à votre poissonnier de lever les deux filets du saumon tout en conservant la peau.
À l'aide d'une pince à épiler, ôtez toutes les arêtes.
Dans un récipient adapté, mélangez le sel et le sucre.
Placez le premier filet, peau contre le fond, dans un grand plat et versez dessus la moitié du mélange sel-sucre. Déposez le second filet, dans le même sens, et versez l'autre moitié du mélange. Couvrez de film alimentaire et laissez mariner au réfrigérateur pendant 9 à 12 heures.
Rincez très délicatement et séchez avec du papier absorbant.
À l'aide d'un couteau bien aiguisé, enlevez la peau des filets puis découpez-les en petits cubes.
Servez très frais, accompagné de différentes sauces, ou tout simplement nature.

Sauce soja
Quelques cuillères de sauce soja relevée d'une pointe de pâte wasabi et saupoudrée de graines de sésame grillées.

Sauce crème + un petit quelque chose
Montez en chantilly de la crème liquide entière aromatisée de zeste de citron jaune ou vert, ou de brins d'aneth ou de coriandre hachés, ou de gingembre râpé, ou de miel, avec toujours un peu de poivre.

Astuce • Vous pouvez aussi le servir en tranches très fines... Ce saumon se conserve une semaine au réfrigérateur.

Œufs coque au caviar de hareng

Pour 6 personnes
15 minutes de préparation
5 minutes de cuisson

6 œufs très frais
30 g de caviar de hareng
6 tranches de pain de mie frais
50 g de beurre doux

Plongez les œufs dans l'eau bouillante à l'aide d'une écumoire. Comptez 3 minutes à partir de la reprise de l'ébullition et sortez-les de l'eau.
Pendant que les œufs cuisent, faites griller les tranches de pain et préparez les mouillettes avec le beurre.
Décalottez les œufs et répartissez dessus le caviar de hareng. Servez-les dans des coquetiers, accompagnés des mouillettes.

Poissons entiers

saumon

mulet

turbot

bar

colin

cabillaud

Maquereaux à la moutarde

Pour 4 personnes
5 minutes de préparation
7 à 8 minutes de cuisson

4 maquereaux
3 cuillères à soupe de crème fraîche épaisse
1 pot de moutarde forte de Dijon
1 cuillère à soupe de gros sel de mer
sel, poivre du moulin

Demandez à votre poissonnier de vider et de nettoyer les maquereaux. Vérifiez qu'ils sont bien propres et qu'il n'y a plus de traces de sang. Rincez-les sous un filet d'eau fraîche.
Faites chauffer le gril du four ou les braises de votre barbecue.
Enduisez les maquereaux de moutarde et parsemez-les de gros sel de mer.
Huilez la grille et posez les maquereaux dessus, puis enfournez-les au-dessus de la lèchefrite ou posez le tout au-dessus des braises. Dans les deux cas, laissez-les cuire environ 5 minutes d'un côté et 2 à 3 minutes de l'autre.
Pendant ce temps, faites chauffer la crème fraîche avec 3 cuillères à café de moutarde forte, un peu de sel et quelques tours de moulin à poivre.
Vérifiez la cuisson des poissons en tirant sur l'arête dorsale près de la tête : elle doit venir sans résister.
Servez immédiatement, accompagné de la sauce chaude.

Bar tout simplement nature

Pour 6 personnes
15 minutes de préparation
10 minutes de cuisson

1 bar de 2 kg environ
2 feuilles de laurier
1 citron
1 cuillère à soupe de poivre en grains
1 cuillère à soupe de gros sel de mer / l d'eau

Demandez à votre poissonnier de vider le bar et vérifiez que la cavité centrale est bien nettoyée. Si cela n'a pas été fait, essuyez l'intérieur avec du papier absorbant pour retirer soigneusement la peau noire qui adhère à la paroi abdominale. Si vous la laissez, elle donnera un goût acre à la chair du poisson.
Disposez le bar dans une poissonnière ou sur un morceau de mousseline dans un faitout : cela permettra de le retirer du court-bouillon sans le briser.
Versez de l'eau froide dans la poissonnière sans noyer le poisson (1 à 2 litres) et assaisonnez avec le laurier, le citron, le sel et le poivre. Sans couvrir, portez lentement à ébullition en écumant de temps en temps. Baissez le feu et laissez cuire le poisson 10 minutes à petits frémissements. Le liquide ne doit bouillir à aucun moment. Vérifiez la cuisson du poisson avec un couteau : la chair doit être nacrée et opaque, légèrement rosée à l'arête.
Laissez le poisson dans son court-bouillon jusqu'au dernier moment.
Servez sur un plat chaud avec une petite sauce tomates-basilic (page 184) et un écrasé de pommes de terre (page 182).

Note • Vous pouvez rendre le court-bouillon plus épicé ou l'aromatiser au cidre ou au vin blanc (page 16).

Cabillaud nature

Pour 6 personnes
15 minutes de préparation
20 minute de cuisson

1 cabillaud de 2 kg environ
2 à 3 l de court-bouillon classique (page 16)

Faites préparer votre poisson entier en suivant les indications de la recette du bar ci-dessus. Versez dessus le court-bouillon classique sans noyer le poisson. Faites cuire de la même manière. Servez immédiatement sur un plat chaud avec une petite sauce et un écrasé de pommes de terre (page 182).

Note • Vous pouvez réaliser cette recette avec de nombreux poissons ; choisissez de belles pièces bien fraîches... Laissez-vous tenter par un dos de congre : c'est excellent cuisiné de cette manière.

Mulet sauce verte

Pour 6 personnes
30 minutes de préparation
15 minutes de cuisson

1 mulet de pleine mer de 2 kg environ
2 l de court-bouillon classique (page 16)
1/3 de bouquet de cerfeuil
1/3 de bouquet de persil plat
1/3 de bouquet d'estragon
1 poignée de cresson
1/3 de bouquet de ciboulette
4 œufs durs
5 cornichons
1 cuillère à soupe de câpres
5 cuillères à soupe d'huile d'olive
2 cuillères à soupe de vinaigre de vin
sel, poivre

Demandez à votre poissonnier de vider le mulet et de l'écailler. Mettez-le dans le court-bouillon et portez à ébullition. Laissez frémir 15 minutes puis laissez-le refroidir dans le liquide.
Pendant ce temps, préparez la sauce verte : hachez finement toutes les herbes, écrasez les œufs durs et coupez les cornichons en petits morceaux. Dans un bol, versez le vinaigre et l'huile d'olive ; ajoutez du sel et du poivre. Mélangez puis incorporez les herbes hachées, les œufs durs, les cornichons et les câpres. Levez les filets du poisson dès qu'il est tiède, enlevez les arêtes puis épongez les filets sur du papier absorbant. Servez bien frais accompagné de la sauce verte et d'une salade de pommes de terre aux échalotes.

Colin froid mayonnaise

Pour 6 personnes
10 minutes de préparation
5 minutes de cuisson

1 morceau de colin de 1,2 kg
1 feuille de laurier
1 brin de thym
1 citron
1 cuillère à soupe de poivre en grains
1 cuillère à soupe de gros sel de mer / l d'eau

Disposez le colin dans une poissonnière ou sur un morceau de mousseline dans un faitout. Versez de l'eau froide sans noyer le poisson (1 à 2 litres) et assaisonnez avec le laurier, le thym, le citron, le sel et le poivre. Sans couvrir, portez lentement à ébullition, mais surtout ne le laissez pas bouillir. Aux premiers frémissements, coupez immédiatement le feu et laissez le poisson refroidir dans l'eau.
Dès que le poisson est tiède, ôtez la peau, levez les filets, retirez le maximum d'arêtes et enlevez l'arête centrale. Procédez de même pour les deux autres filets. Épongez-les sur du papier absorbant avant de les mettre au frais jusqu'au moment de les servir avec une bonne mayonnaise maison (page 178).

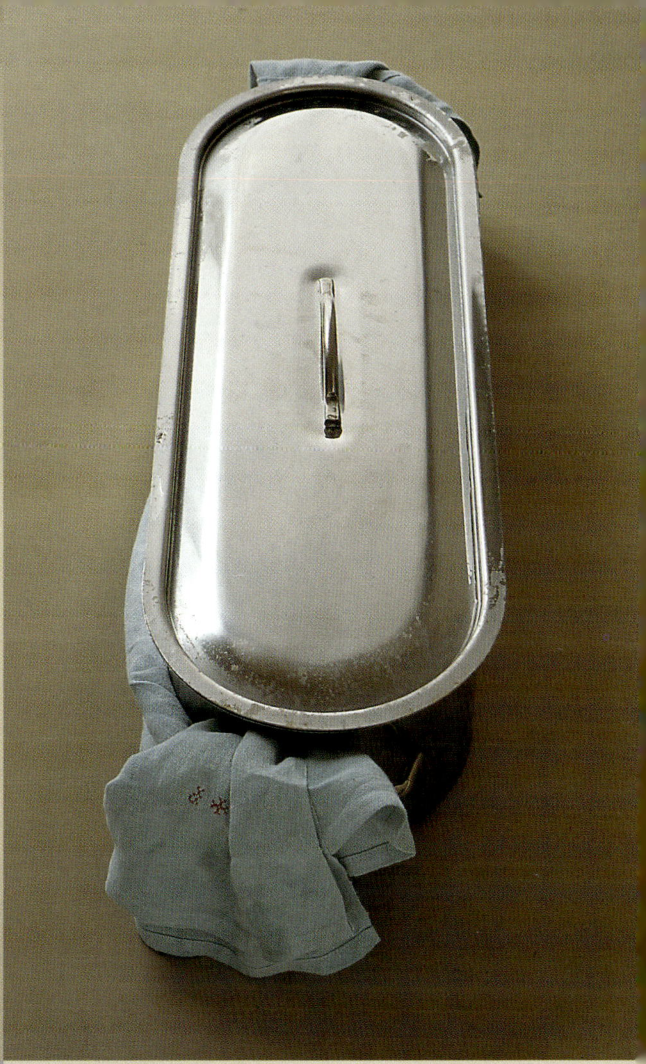

Bar en croûte d'oseille

Pour 6 personnes
20 minutes de préparation
25 minutes de cuisson

1 bar de 1,5 à 2 kg environ
2 bouquets d'oseille
2 échalotes
10 g de beurre ramolli
1 grosse tomate bien mûre
6 cuillères à soupe d'huile d'olive
fleur de sel, poivre du moulin

Demandez à votre poissonnier de vider le bar mais de ne surtout pas l'écailler.
Préchauffez le four à 210 °C (thermostat 7).
Faites blanchir l'oseille dans de l'eau bouillante quelques secondes après l'avoir lavée (réservez une dizaine de feuilles fraîches pour préparer la sauce).
Émincez les échalotes.
Lavez et séchez le poisson, enduisez-le de beurre à l'extérieur ; mettez du sel et les échalotes à l'intérieur.
Couvrez le poisson entièrement avec les feuilles d'oseille égouttées puis emballez-le dans une feuille de papier d'aluminium. Faites-le cuire au four 25 minutes.
Pendant ce temps, préparez la sauce en mixant très rapidement les feuilles d'oseille restantes, la tomate coupée grossièrement et l'huile d'olive.
Salez à la fleur de sel et poivrez généreusement.
Le poisson est cuit quand il est encore rosé à l'arête et surtout quand la papillote est bien gonflée.
Ôtez délicatement le papier d'aluminium et la croûte d'oseille ; normalement, la peau du poisson doit venir avec. Levez les filets, enlevez l'arête centrale et procédez de même avec les deux autres filets.
Servez immédiatement dans un plat bien chaud, avec la sauce à l'oseille et un écrasé de pommes de terre (page 182).

Mulet de pleine mer en croûte de sel

Pour 6 personnes
15 minutes de préparation
35 minutes de cuisson

1 mulet de pleine mer de 2 kg environ
2 kg de gros sel gris
4 blancs d'œufs
2 cuillères à soupe rase de graines de fenouil

Demandez à votre poissonnier de vider le mulet mais de ne surtout pas l'écailler.
Préchauffez le four à 210 °C (thermostat 7).
Lavez et séchez le poisson, frottez-le de sel fin à l'intérieur et garnissez-le des graines de fenouil.
Mélangez les blancs d'œufs avec le gros sel et étalez-les en une couche de 1,5 cm sur le fond.
Posez le poisson dessus et recouvrez-le de pâte de sel en façonnant la croûte avec les mains.
Enfournez, laissez cuire 35 minutes puis laissez reposer 10 minutes avant de casser la croûte de sel avec un petit marteau ou de la découper avec un couteau à pain. Retirer la couche supérieure et la peau du poisson viendra avec.
Accompagnez ce poisson d'une sauce huile d'olive-beurre-citron (page 180) et d'épinards frais.

Bar grillé au fenouil

Pour 6 personnes
5 minutes de préparation
16 minutes de cuisson

1 bar de 1,5 kg ou 3 bars de 500 g
2 branches de fenouil
1 branche de romarin
huile d'olive
gros sel, poivre du moulin

Demandez à votre poissonnier de vider le poisson mais de ne surtout pas l'écailler. Dans la cavité, introduisez le mélange d'herbes, du sel et du poivre.
Laissez reposer le poisson, si vous avez le temps, pour lui permettre de s'imprégner des parfums.
Préparez le feu et attendez que les braises ne flambent plus. Huilez la grille, mettez le poisson dessus et posez le tout à 15 ou 20 cm au-dessus des braises. Comptez 9 minutes pour un gros poisson et 5 minutes pour des plus petits.
Retournez le poisson et poursuivez la cuisson 7 minutes de plus pour le gros et 3 minutes pour les petits. Quand vous retournez le poisson à mi-cuisson, profitez-en pour protéger la queue avec du papier d'aluminium. Vérifiez la cuisson en tirant sur l'arête dorsale près de la tête : elle doit venir sans résister. Ôtez la peau, levez les filets, retirez le maximum d'arêtes et enlevez l'arête centrale. Procédez de même pour les autres filets.
Servez avec une petite sauce huile d'olive-fenouil et des tomates fondues au basilic (pages 180 et 184).

Carrelet et un trait de sésame

Pour 4 personnes
1 heure de marinade
5 minutes de préparation
20 minutes de cuisson

2 carrelets de 700 g
2 cuillères à soupe de sauce soja
4 cuillères à soupe d'huile de sésame
2 cuillères à soupe de graines de sésame
tabasco
sel, poivre du moulin

Demandez à votre poissonnier de vider les poissons.
Préchauffez le four à 240 °C (thermostat 8).
Pratiquez 2 ou 3 incisions peu profondes et espacées sur les deux faces des poissons.
Dans un plat allant au four, mélangez l'huile de sésame, la sauce soja et quelques gouttes de tabasco. Faites mariner les poissons dans ce mélange pendant 1 heure, après les avoir entaillés (en quadrillage) sur le dessus.
Enfournez les poissons et faites-les cuire 10 minutes ; sortez-les et vérifiez la cuisson : la chair doit être bien blanche et les filets doivent se détacher facilement sans pour autant s'émietter.
Pendant ce temps, préparez un plat de service chaud (passez-le sous l'eau très chaude).
Faites dorer les graines de sésame dans une poêle quelques minutes à feu vif.
Pour préparer les poissons, ôtez la peau, levez les filets, retirez le maximum d'arêtes, retournez les poissons et procédez de même pour les deux autres filets.
Saupoudrez les filets de graines de sésame dorées, salez, poivrez et servez immédiatement avec une salade d'herbes (page 184).

Lotte au safran

Pour 6 personnes
15 minutes de préparation
30 minutes de cuisson

1 queue de lotte de 1,8 kg à 2 kg
2 gousses d'ail
le jus de 1 citron
1 citron confit
1 gros oignon
2 pincées de pistils de safran
1 verre de vin blanc sec
huile d'olive

Demandez à votre poissonnier d'enlever la peau de la lotte.
Préchauffez le four à 180 °C (thermostat 6).
Diluez le safran dans le vin blanc. Coupez l'oignon en quartiers puis passez le citron confit sous un filet d'eau, séchez-le et coupez-le en petits morceaux. Piquez la queue de lotte avec les gousses d'ail pelées.
Dans un plat allant au four, faites un lit pour le poisson avec l'oignon et le citron confit.
Posez le poisson dessus et arrosez-le du jus de citron puis du vin blanc au safran ; terminez par un trait d'huile d'olive. Faites cuire au four 30 minutes en arrosant régulièrement avec le jus de cuisson.
Vérifiez la cuisson du poisson : la chair doit être blanche à l'extérieur comme à l'intérieur, rester ferme et surtout ne pas s'émietter.
Dès que le poisson est cuit, retirez l'arête dorsale et coupez la queue en plusieurs morceaux.
Servez immédiatement arrosé du jus de cuisson et accompagné des asperges sauvages à peine cuites et encore croquantes.

Saint-pierre farci au citron vert

Pour 4 personnes
15 minutes de préparation
30 minutes de cuisson

2 saint-pierre de 1,2 kg environ
2 citrons verts
2 échalotes
1 gousse d'ail
1/2 bouquet de coriandre
2 verres de vin blanc
2 cuillères à soupe d'huile d'olive
sel, poivre

Demandez à votre poissonnier de vider les poissons, de les parer et de couper les têtes et les nageoires.
Pratiquez 2 ou 3 incisions peu profondes et espacées sur la face grise des poissons.
Préchauffez le four à 180 °C (thermostat 6).
Pour préparer la farce, mixez les échalotes, l'ail, 1 citron vert tranché en petits morceaux et la coriandre (réservez quelques feuilles).
Ajoutez du sel et du poivre.
Beurrez un plat allant au four et garnissez l'intérieur des poissons avec la farce. Posez les poissons dans le plat et arrosez-les de vin blanc.
Couvrez avec une feuille de papier d'aluminium.
Enfournez et laissez cuire 30 minutes en arrosant de temps en temps avec le jus du plat.
Vérifiez la cuisson des poissons avec un petit couteau : la chair doit être nacrée et opaque, encore légèrement rosée à l'arête et les filets doivent se détacher facilement.
Récupérez le jus de cuisson et ajoutez-y l'huile d'olive.
Préparez les poissons : ôtez la peau, levez les filets, retournez les poissons.
Servez immédiatement avec la sauce, des quartiers de citron vert et le reste de coriandre ciselée.
Vous pouvez accompagner ce plat de haricots verts à la coriandre (page 184).

Rôti de thon en croûte d'épices

Pour 4 personnes
10 minutes de préparation
12 minutes de cuisson

1 filet de thon de 800 g
1 cuillère à café de graines de cumin
2 cuillères à café de graines de fenouil
2 cuillères à café de baies roses
2 cuillères à café de gingembre en poudre
2 cuillères à café de cannelle en poudre
1 cuillère à café de graines de coriandre
1 cuillère à café de coriandre en poudre
1 cuillère à café de noix de muscade
1 cuillère à café de poivre à steak
2 cuillères à soupe de sauce soja
huile d'olive

Demandez à votre poissonnier de vous préparer un filet de thon sans la peau, comme un petit rôti. Mettez toutes les épices dans le bol d'un mixeur et laissez tourner pendant 5 minutes pour bien concasser toutes les graines. Versez-les dans une assiette creuse. Badigeonnez le filet de thon d'huile d'olive puis enrobez-le du mélange d'épices. Faites chauffer 1 cuillère à soupe d'huile d'olive dans une sauteuse pour faire dorer le filet pendant 6 à 8 minutes de tous les côtés. Les épices doivent former une couche croustillante et le poisson doit être toujours très rouge à l'intérieur. Si vous le préférez un peu plus cuit (rosé), prolongez la cuisson de 2 minutes à couvert. Gardez le filet au chaud et versez la sauce soja et 1 cuillère à soupe d'huile d'olive dans la sauteuse, grattez pour récupérer les sucs de cuisson et laissez réduire pendant 2 minutes. Servez aussitôt le filet, tranché comme un rôti de bœuf, avec des courgettes sautées aux quatre-épices ou une salade d'herbes (page 184).

Turbot rôti à l'huile aromatisée

Pour 6 personnes
10 minutes de préparation
1 heure de marinade
20 minutes de cuisson

2 turbots de 1,2 kg environ
1 cuillère à café de cumin en poudre
1 cuillère à soupe de piment doux
10 cl d'huile d'olive

Demandez à votre poissonnier de vider les poissons, de les parer et de couper les têtes et les nageoires. Pratiquez 2 ou 3 incisions peu profondes et espacées sur la face grise des poissons. Préparez la marinade en mélangeant dans un grand plat l'huile d'olive et les épices. Déposez les turbots face grise dans le fond du plat, recouvrez-les de film alimentaire et laissez mariner 1 heure au frais.

Faites chauffer le gril du four.
Disposez une feuille d'aluminium sur la lèchefrite et badigeonnez-la d'huile d'olive. Posez les poissons face blanche au fond, versez dessus 1 cuillère à soupe de marinade et glissez au four à 15 cm environ du gril.
Laissez cuire 15 minutes : la peau doit être gonflée et noircie. Sortez du four, enlevez la peau, retournez les poissons sur une nouvelle feuille d'aluminium huilée et posez-les sur la lèchefrite. Remettez 5 minutes au four. Vérifiez la cuisson du poisson avec un petit couteau : la chair doit être nacrée et opaque et encore un peu rosée à l'arête. Ôtez la peau blanche, levez les filets, retirez le maximum d'arêtes, enlevez l'arête centrale. Procédez de même pour les deux autres filets. Servez immédiatement dans un plat de service très chaud, nature ou avec quelques quartiers de citron et un confit de ratatouille (page 182).

Saint-pierre aux épices

Pour 4 personnes
15 minutes de préparation
15 minutes de cuisson

2 saint-pierre de 1,2 kg environ
1 cuillère à café de graines de cumin
1 cuillère à café de graines de fenouil
1 cuillère à café de gingembre en poudre
1 cuillère à café de cannelle en poudre
1 cuillère à café de graines de coriandre
1 cuillère à café de noix de muscade
1 cuillère à café de grains de poivre blanc
huile d'olive

Demandez à votre poissonnier de vider les poissons, de les parer, de couper les têtes et les nageoires.
Faites chauffer le gril du four.
Mettez toutes les épices dans le bol d'un mixeur et donnez quelques tours. À l'aide d'un pinceau, badigeonnez les poissons d'huile d'olive puis saupoudrez-les des deux côtés du mélange d'épices.
Disposez une feuille de papier d'aluminium sur la lèchefrite et badigeonnez-la d'huile d'olive. Déposez les poissons et glissez au four à 15 cm du gril ; laissez cuire 8 minutes, jusqu'à ce que la peau soit gonflée et noircie. Sortez-les du four, enlevez la peau, retournez-les sur une nouvelle feuille d'aluminium huilée et posez-les sur la lèchefrite. Remettez 5 minutes au four. Vérifiez la cuisson des poissons avec un petit couteau : la chair doit être nacrée et opaque, encore légèrement rosée à l'arête et les filets doivent se détacher facilement.
Ôtez la peau, levez les filets, retournez les poissons et procédez de même pour les deux autres filets. Servez immédiatement avec un filet d'huile d'olive nature ou parfumée au cumin, au piment d'Espelette, et avec du fenouil braisé.

Poissons en filets

papillote de saumon

pavé de lieu jaune vapeur

steak de cabillaud poêlé

sole meunière

filet de daurade

cocotte de lotte

lotte u.s.

Salade de haddock sucrée

Pour 4 personnes
15 minutes de préparation
5 minutes de cuisson

350 g de haddock
le zeste et le jus de 1 citron vert
2 oignons rouges
1 mangue
4 brins de menthe
4 brins de coriandre
2 poignées de roquette
3 cuillères à soupe d'huile d'olive
1 cuillère à soupe de jus d'orange
sel, poivre

Dans un faitout rempli d'eau bouillante, faites pocher le haddock 5 minutes à feu doux. Déposez-le sur du papier absorbant et laissez-le refroidir.
Dans un saladier, mélangez les oignons tranchés en petits quartiers, la mangue coupée en morceaux, les feuilles de menthe et de coriandre ciselées et la roquette. Arrosez de jus de citron vert, saupoudrez du zeste, salez et poivrez.
Dès que le poisson est froid, émiettez-le à la main en essayant de garder de beaux morceaux. Ajoutez-les sur le dessus de la salade.
Préparez l'assaisonnement avec l'huile d'olive, le jus d'orange, du sel et du poivre ; versez-le sur la salade et mélangez délicatement.
Servez bien frais.

Astuce • Vous pouvez remplacer l'huile d'olive par de l'huile d'argan (huile marocaine) que vous trouverez dans les épiceries fines ou dans les rayons spécialisés des supermarchés.

Filets de sole vite faits

Pour 2 personnes
5 minutes de préparation
3 minutes de cuisson

400 g de filets de sole
1 verre de vin blanc
1 cuillère à soupe de crème fraîche
quelques feuilles d'estragon
sel, poivre

Demandez au poissonnier de lever les filets.
Dans un plat allant au micro-ondes, disposez les filets de sole et repliez la queue de chaque filet pour que l'épaisseur soit la même partout.
Versez le vin blanc, salez et poivrez. Recouvrez de film alimentaire.
Mettez au micro-ondes et faites cuire 3 minutes à 750 W.
Sortez le plat du micro-ondes, prélevez le jus de cuisson et laissez le poisson reposer à couvert.
Mélangez le jus de cuisson avec la crème fraîche et l'estragon ciselé.
Servez les filets de sole avec la sauce vin blanc-crème-estragon et du riz basmati.

Turbot à la mousse d'oignons

Pour 4 personnes
15 minutes de préparation
15 minutes de cuisson

8 filets de turbotin
120 g de beurre doux
1 oignon blanc
huile d'olive
fleur de sel, poivre du moulin

Demandez à votre poissonnier de préparer les turbotins, de lever les filets et d'ôter la peau.
Préchauffez le four à 210 °C (thermostat 7).
Dans une casserole, faites cuire l'oignon finement émincé avec 100 g de beurre et 10 cl d'eau pendant 15 minutes, à feu doux.
Pendant ce temps, préparez les papillotes : découpez 16 feuilles de papier d'aluminium, superposez-les deux par deux et, à l'aide d'un pinceau, badigeonnez la feuille du dessus d'huile d'olive. Disposez les filets de turbotin sur chaque papillote et déposez dessus un petit morceau du beurre restant, salez et poivrez.
Fermez les papillotes très soigneusement, mettez-les sur une plaque de cuisson et faites cuire au four 5 minutes.
Dès que l'oignon est cuit, mixez-le ; proposez-le en accompagnement, avec des pommes de terre vapeur.

Rougets à la tapenade

Pour 4 personnes
30 minutes de préparation
20 minutes de cuisson

8 rougets de taille moyenne en filets
1 poivron rouge coupé en petits cubes
1 poivron jaune coupé en petits cubes
1 oignon coupé en petits morceaux
16 olives noires dénoyautées et coupées en morceaux
huile d'olive
sel, poivre

Préchauffez le four à 210 °C (thermostat 7).
Faites chauffer 2 cuillères à soupe d'huile d'olive dans une sauteuse. Faites-y cuire l'oignon et les poivrons 5 à 7 minutes à feu vif en remuant souvent pour ne pas les laisser brûler. Incorporez les olives.
Salez et poivrez.
Pour préparer les papillotes, découpez 16 feuilles de papier d'aluminium, superposez-les deux par deux et badigeonnez au pinceau la feuille du dessus d'huile d'olive. Garnissez chaque rouget de légumes cuits et refermez-les à l'aide de ficelle de cuisine.
Déposez les poissons sur les papillotes et fermez-les avec soin. Placez-les sur une plaque de cuisson et laissez-les cuire 10 minutes. Servez les rougets dans leurs papillotes pour les garder au chaud jusqu'au dernier moment. Vous pouvez agrémenter ce plat d'un riz basmati.

Saumon citronnelle

Pour 4 personnes
15 minutes de préparation
20 minutes de cuisson

4 pavés de saumon de 200 g
12 feuilles de makrout
2 tiges de citronnelle fraîche finement ciselées
le zeste râpé de 1 citron
huile d'olive
fleur de sel, poivre du moulin

Préchauffez le four à 210 °C (thermostat 7).
Pour préparer les papillotes, découpez 8 feuilles de papier d'aluminium, superposez-les deux par deux et, à l'aide d'un pinceau, badigeonnez la feuille du dessus d'huile d'olive. Répartissez les feuilles de makrout sur les papillotes et placez par-dessus les pavés de saumon. Saupoudrez de citronnelle fraîche et de zeste de citron ; assaisonnez à la fleur de sel et au poivre du moulin.
Arrosez d'un filet d'huile d'olive et fermez les papillotes avec soin, mettez-les sur une plaque de cuisson et laissez cuire 20 minutes.
Sortez les papillotes du four et proposez-les encore fermées afin que vos amis apprécient leur délicieuse odeur en les ouvrant.
Bien entendu, vous ne mangerez pas la citronnelle ni les feuilles de makrout : elles sont là uniquement pour parfumer. Accompagnez d'un riz basmati ou de pommes de terre vapeur.

Lieu jaune en papillote à la vanille

Pour 4 personnes
10 minutes de préparation
15 minutes de cuisson

4 filets de lieu jaune de 150 à 200 g
1 gousse de vanille
40 g de beurre salé ramolli
30 cl de crème liquide
huile d'olive
sel, poivre

Préchauffez le four à 200 °C (thermostat 6).
Travaillez le beurre dans un bol jusqu'à ce qu'il ait pris l'aspect d'une pommade. Fendez la gousse de vanille en deux dans le sens de la longueur et, à l'aide d'un couteau, grattez l'intérieur pour récupérer les petits grains noirs que vous incorporerez au beurre. Réservez la gousse.
Pour préparer les papillotes, découpez 8 feuilles de papier d'aluminium, superposez-les deux par deux et, à l'aide d'un pinceau, badigeonnez la feuille du dessus d'huile d'olive. Déposez les filets de poisson tartinés de beurre à la vanille et poivrez. Refermez hermétiquement les papillotes, placez-les sur une plaque de cuisson et laissez-les cuire 12 à 15 minutes.
Pendant ce temps, faites infuser 10 minutes, à feu doux, la gousse de vanille dans la crème liquide légèrement salée et poivrée. Filtrez et réservez au chaud.
Ouvrez les papillotes, vérifiez la cuisson et servez les filets de lieu accompagnés de la crème vanillée et d'un riz basmati à la cardamome (page 186).

Filets de saint-pierre au caviar de hareng

Pour 4 personnes
10 minutes de préparation
15 minutes de cuisson

4 filets de saint-pierre de 150 à 200 g
50 g de caviar de hareng
20 cl de crème liquide
1 échalote finement hachée
1/2 bouquet de persil plat finement ciselé
huile d'olive
sel, poivre

Demandez au poissonnier de préparer les filets de saint-pierre sans la peau. Préchauffez le four à 210 °C (thermostat 7). Découpez 8 feuilles de papier d'aluminium, superposez-les deux par deux et badigeonnez d'huile d'olive la feuille du dessus . Disposez les filets de saint-pierre sur chaque papillote, arrosez d'un filet d'huile d'olive, salez et poivrez. Fermez les papillotes avec soin, mettez-les sur une plaque de cuisson et laissez cuire 15 minutes.
Pendant ce temps, faites fondre l'échalote dans 1 cuillère d'huile d'olive pendant 3 minutes, puis ajoutez la crème et le persil ciselé. Salez, poivrez et laissez chauffer doucement 5 minutes. Mixez et réservez au chaud.
Sortez le poisson du four, dressez les filets sur les assiettes et répartissez les œufs de hareng dans chaque assiette, à côté du poisson. Servez avec la sauce crème-persil et des asperges vertes cuites à la vapeur pendant 10 minutes.

Conseil • Vous trouverez le caviar de hareng chez votre poissonnie ; s'il n'en a pas, il pourra peut-être en commander...

Cabillaud au gingembre

Pour 4 personnes
15 minutes de préparation
20 minutes de cuisson

4 pavés de cabillaud de 150 à 200 g
8 brins de coriandre
1 morceau de gingembre frais de 4 cm de long
huile d'olive
sel, poivre

Préchauffez le four à 220 °C (thermostat 7).
Lavez le gingembre et tranchez-le en très fines lamelles. Découpez 8 feuilles de papier d'aluminium, superposez-les deux par deux et badigeonnez la feuille du dessus d'huile d'olive. Répartissez les lamelles de gingembre sur les quatre feuilles. Déposez les pavés de cabillaud dessus, recouvrez-les de coriandre effeuillée, arrosez d'un filet d'huile d'olive, salez et poivrez. Refermez avec soin, faites cuire 15 minutes. Servez les pavés (sans le gingembre) immédiatement avec une salade d'herbes (page 184) assaisonnée d'huile d'olive, de sauce soja et de citron vert.

Cabillaud au thym citronné

Pour 4 personnes
5 minutes de préparation
10 minutes de cuisson

4 pavés de cabillaud de 150 à 200 g
1 petit bouquet de thym citronné frais
huile d'olive
fleur de sel, poivre du moulin

Versez de l'eau dans la partie basse d'un cuit-vapeur, déposez le thym dans la partie haute puis disposez les pavés de cabillaud sur le thym. Couvrez et laissez cuire 5 minutes. Soulevez le couvercle et posez-le en biais, de façon à laisser passer un peu de vapeur ; prolongez la cuisson de 5 minutes. Vérifiez la cuisson et, si c'est nécessaire, prolongez-la de 1 à 2 minutes. Le poisson est cuit dès qu'il est nacré à l'extérieur comme à l'intérieur et quand les lamelles commencent à se détacher toutes seules ; il est trop cuit si la chair commence à s'émietter. Servez les pavés de cabillaud arrosés d'un filet d'huile d'olive, assaisonnés de fleur de sel et d'un tour de poivre du moulin. Je vous conseille comme accompagnement un écrasé de pommes de terre au beurre salé (page 182).

Rougets aux tomates

Pour 4 personnes
20 minutes de préparation
1 heure 10 de cuisson

4 beaux rougets
4 branches de tomates cerises
1 cuillère à soupe de vinaigre balsamique
1 cuillère à café de sucre en poudre
16 feuilles de basilic
12 feuilles de menthe fraîche
1 cuillère à café de tapenade noire
2 cuillères à soupe de pignons de pin
huile d'olive
fleur de sel, poivre du moulin

Demandez au poissonnier de vider et d'écailler les rougets. Préchauffez le four à 100 °C (thermostat 3). Dans un plat huilé, disposez les branches de tomates cerises. Arrosez d'un filet d'huile d'olive et de vinaigre balsamique, saupoudrez de sucre et donnez quelques tours de moulin à poivre. Enfournez et laissez cuire 1 heure en veillant à ce que les tomates ne brûlent pas ; si c'est le cas, laissez la porte du four entrouverte. Mixez la tapenade avec un filet d'huile d'olive, les pignons et les feuilles de menthe et de basilic. Farcissez les rougets de ce mélange. Dès que les tomates sont cuites, emballez-les dans du papier d'aluminium et réservez-les au four. Versez de l'eau dans la partie basse d'un cuit-vapeur et enduisez la partie haute d'huile d'olive pour y déposer les rougets. Laissez cuire 5 à 8 minutes, selon la taille des poissons. Dès qu'ils sont cuits, leur couleur est moins vive. Servez les rougets accompagnés des grappes de tomates confites.

Lieu jaune au citron confit

Pour 4 personnes
10 minutes de préparation
5 à 7 minutes de cuisson

4 pavés de lieu jaune de 180 à 200 g rincés
2 citrons confits rincés et coupés en tranches de 5 mm
1 cuillère à café rase de piment d'Espelette
4 cuillères à soupe d'huile d'argan
fleur de sel, poivre du moulin

Faites chauffer de l'eau dans la partie basse du cuit-vapeur et badigeonnez la partie haute d'huile d'olive. Dès que l'eau bout, étalez les tranches de citron confit et déposez les pavés de lieu. Laissez cuire 5 à 7 minutes. Enlevez les pavés et réservez-les au chaud entre deux assiettes. Récupérez le citron confit dans un bol et hachez-le grossièrement. Saupoudrez de piment, versez l'huile d'argan, salez, poivrez légèrement puis mélangez. Proposez les pavés de lieu jaune arrosés de sauce (ou la sauce à part) et accompagnés d'endives braisées au citron (page 182).

Conseil • Vous pouvez remplacer l'huile d'argan par de l'huile d'olive ; ce n'est pas la même chose, mais c'est aussi très bon.

Daurade aux algues

Pour 4 personnes
5 minutes de préparation
5 minutes de cuisson

4 filets de daurade de 200 g
1 poignée d'algues fraîches
huile d'olive
fleur de sel, poivre du moulin

Versez de l'eau dans la partie basse d'un cuit-vapeur et déposez dans la partie haute les filets de poisson sur les algues lavées. Laissez cuire 5 minutes environ. Le poisson est cuit dès qu'il est nacré à l'extérieur comme à l'intérieur et quand les lamelles commencent à se détacher toutes seules ; il est trop cuit si la chair commence à s'émietter.
Servez les filets de daurade arrosés d'un filet d'huile d'olive et assaisonnés de fleur de sel et de poivre du moulin. Vous pouvez accompagner ce poisson d'un riz basmati.

Curry de haddock

Pour 6 personnes
2 heures de repos
20 minutes de préparation
30 minutes de cuisson

800 g de filet de haddock
1 l de lait
2 tomates pelées
2 oignons
2 gousses d'ail
1 cuillère à café de poudre de curry
le jus de 1/2 citron
25 cl d lait de coco
15 brins de coriandre fraîche
poivre, pas de sel

Découpez le poisson en pavés et faites-le tremper 2 heures dans le lait et assez d'eau pour qu'il soit recouvert.
Pendant ce temps, préparez un bouillon : faites chauffer 35 cl d'eau avec les tomates coupées grossièrement, les oignons coupés en quartiers, l'ail dégermé et écrasé, le jus de citron et la poudre de curry. Assaisonnez avec un peu de poivre, surtout pas de sel. Laissez cuire à petits bouillons 20 minutes. Réduisez ce bouillon au mixeur et allongez-le avec le lait de coco puis maintenez-le au chaud.
Dans une grande casserole d'eau bouillante, faites pocher le poisson pendant 3 à 5 minutes ; égouttez-le, enlevez la peau et détachez grossièrement les lamelles.
Disposez les lamelles dans un grand plat et versez la sauce dessus. Mélangez délicatement et saupoudrez de coriandre ciselée.
Servez immédiatement avec un riz basmati.

Conseil • Si vous n'aimez pas le lait de coco, vous doublerez la quantité d'eau lors de la préparation de la sauce.

Merlan à la crème de citronnelle

Pour 4 personnes
5 minutes de préparation
15 minutes de cuisson

4 merlans de ligne portion
20 cl de crème liquide
2 tiges de citronnelle
2 brins de coriandre
2 tiges de vert d'oignon
1 morceau de gingembre frais de 2 cm
huile d'olive
sel, poivre

Demandez à votre poissonnier d'écailler, de vider et de laver les poissons.
Enlevez les premières feuilles des tiges de citronnelle, rincez les tiges à l'eau et coupez-les en petits tronçons. Faites-les infuser à feu doux dans la crème fraîche pendant 15 minutes, filtrez puis salez et poivrez. Réservez au chaud.
Versez de l'eau dans la partie basse d'un cuit-vapeur, enduisez d'huile d'olive la partie haute puis faites chauffer l'eau.
Pendant ce temps, épluchez le gingembre et coupez-le en fins bâtonnets.
Dès que l'eau commence à bouillir, déposez les poissons dans la partie haute et couvrez-les de gingembre, fermez et laissez cuire 5 minutes.
Dès qu'ils sont cuits, leur couleur est beaucoup moins vive et vous pouvez facilement détacher les filets de l'arête dorsale avec la pointe d'un couteau.
Servez les filets de merlan parsemés de coriandre ciselée et de vert d'oignon coupé en petits tronçons. Accompagnez ce plat de la sauce à la citronnelle et de riz à la cardamome (page 186).

Filets de bar à la confiture d'olives

Pour 4 personnes
5 minutes de préparation
8 minutes de cuisson

4 filets de bar de 180 g
2 morceaux de tomate séchée
20 olives noires dénoyautées
8 feuilles de basilic
5 cl + 1 cuillère à soupe d'huile d'olive
poivre

Demandez au poissonnier de préparer les filets de bar sans enlever la peau.
Mettez tous les ingrédients dans le bol d'un mixeur, poivrez et donnez quelques tours afin d'obtenir une confiture d'olives grumeleuse et dense.
Répartissez la pâte sur la chair du poisson.
Versez 1 cuillère à soupe d'huile d'olive dans une sauteuse.
Faites chauffer à feu vif et saisissez les filets 3 minutes d'un côté, sans qu'ils se touchen, en baissant le feu progressivement : il doit se former une peau croustillante à la base de chaque filet. Couvrez et poursuivez la cuisson 5 minutes à feu doux.
Servez immédiatement, accompagné d'une salade d'herbes (page 184).

Cabillaud croustillant

Pour 4 personnes
5 minutes de préparation
5 minutes de cuisson

4 pavés de cabillaud de 200 g
huile d'olive
sel, poivre

Dans une sauteuse, faites chauffer à feu vif 2 cuillères à soupe d'huile d'olive puis saisissez les pavés de cabillaud 3 minutes d'un côté sans qu'ils se touchent, en baissant le feu progressivement.
Il doit se former une peau croustillante à la base de chaque pavé. Salez et poivrez. Couvrez et poursuivez la cuisson 2 minutes à feu doux.
Servez immédiatement, accompagné de la sauce de votre choix et d'un riz thaï aux oignons (page 186).

Saumon à l'unilatéral

Pour 4 personnes
10 minutes de préparation
10 minutes de cuisson

4 pavés de saumon de 200 g
le jus de 1/2 citron
40 g de pignons de pin
5 cl d'huile d'olive
1 cuillère à soupe de vinaigre balsamique
fleur de sel, poivre du moulin

Demandez au poissonnier de beaux pavés de saumon avec la peau d'un seul côté. Rincez-les sous un filet d'eau fraîche et épongez-les avec du papier absorbant.
Faites chauffer une poêle antiadhésive et saisissez les pavés 3 minutes à feu vif sans qu'ils se touchent.
Poursuivez la cuisson 5 minutes à feu moyen puis 2 minutes à couvert.
Pendant ce temps, mettez dans le bol d'un mixeur le jus de citron, les pignons, l'huile d'olive et le vinaigre balsamique. Donnez quelques impulsions brèves.
Égouttez les pavés de saumon et servez-les chauds, assaisonnés de fleur de sel et de poivre du moulin et accompagnés de la sauce d'huile d'olive aux pignons.

Sole meunière

Pour 4 personnes
5 minutes de préparation
6 minutes de cuisson

4 soles de 250 g
2 cuillères à soupe de farine
100 g de beurre salé
le jus de 1 citron
sel, poivre

Demandez au poissonnier de vider les soles et d'enlever la peau. Vérifiez qu'elles soient bien propres et qu'il n'y ait pas de traces de sang. Rincez-les sous un filet d'eau fraîche et épongez-les avec du papier absorbant. Passez-les dans la farine en tapotant pour enlever l'excédent.
Faites fondre le beurre dans une grande poêle et déposez les soles lorsqu'il commence à mousser. Laissez-les dorer 3 minutes de chaque côté. Attention : le beurre ne doit pas brûler.
Vérifiez la cuisson : elles doivent rester fermes mais vous devez pouvoir les détacher facilement de l'arête dorsale avec le dos d'une cuillère.
Levez les filets, arrosez-les de jus de citron, salez et poivrez.
Servez immédiatement avec des pommes de terre vapeur.

Astuce • Si vous avez choisi de grosses soles de 500 g voire plus, laissez-les dorer 5 minutes de chaque côté et poursuivez la cuisson à feu doux, à couvert, jusqu'à ce que les filets se détachent de l'arête dorsale.

Sardines grillées

Pour 6 personnes
5 minutes de préparation
8 à 10 minutes de cuisson

24 sardines
1 citron jaune ou vert
huile d'olive
fleur de sel, poivre du moulin

Choisissez des sardines très fraîches et demandez au poissonnier de les vider mais de ne surtout pas les écailler.
Huilez légèrement un gril en fonte ou la grille de votre barbecue. Posez les sardines sur le gril bien chaud (ou sur la grille dès que les braises sont bien chaudes) et faites-les cuire 5 minutes d'un côté puis 3 à 5 minutes de l'autre.
Elles sont cuites quand la peau commence à se fendiller et que la chair est bien opaque.
Salez, poivrez et servez-les chaudes avec des quartiers de citron et de l'huile d'olive, accompagnées de pommes de terre cuites sous la cendre.

Conseil • Les sardines grillées sont délicieuses, mais dégagent une odeur assez forte : attendez les beaux jours et utilisez votre barbecue.

Thon presque cru à l'asiate

Pour 4 personnes
10 minutes de préparation
4 minutes de cuisson
1 heure de marinade

4 pavés de thon de 180 g
le jus de 1 citron vert
4 cuillères à soupe de sauce soja
1 morceau de gingembre de 2 cm
8 brins de coriandre
1 cuillère à soupe de grains de sésame grillés
huile d'olive
poivre du moulin

Dans un grand plat, préparez la marinade avec le jus de citron vert, la sauce soja, 2 cuillères à soupe d'huile d'olive, le gingembre épluché et râpé et un tour de moulin à poivre.
Placez les pavés de thon dans la marinade, couvrez de film alimentaire et réservez au réfrigérateur au moins 1 heure.
Retournez les pavés deux ou trois fois.
Faites chauffer une sauteuse avec 1 cuillère à soupe d'huile d'olive et saisissez les pavés 2 minutes de chaque côté. Le poisson doit être très rouge à l'intérieur. Si vous le préférez un peu plus cuit (rosé), prolongez la cuisson de 2 minutes, à couvert.
Réservez les pavés au chaud. Déglacez les sucs de cuisson dans la sauteuse avec le reste de la marinade, donnez un tour de bouillon et versez sur les pavés de thon.
Servez immédiatement les pavés de thon saupoudrés de coriandre ciselée et de grains de sésame grillés, accompagnés de vermicelles de soja ou d'une salade d'herbes, ou encore de haricots verts à la coriandre (page 184).

Lotte u.s. revisitée

Pour 6 personnes
20 minutes de préparation
1 heure de cuisson

12 morceaux de lotte de 75 à 100 g sans la peau tranchés dans le milieu
1 boîte de 450 g de tomates pelées
1 petite boîte de concentré de tomates
3 piments oiseaux
3 échalotes
2 doses de safran en filaments
1 feuille de laurier
2 branches de thym frais
1 verre de vin blanc
3 cuillères à soupe de farine
huile d'olive
sel, poivre

Demandez au poissonnier de préparer le poisson. Roulez les morceaux de lotte dans la farine pour qu'ils en soient bien recouverts puis tapotez-les pour enlever l'excédent. Faites chauffer une sauteuse avec 1 cuillère à soupe d'huile d'olive et faites-y dorer les morceaux de lotte en plusieurs fois (3 par 3) pendant 3 minutes ; ils doivent être dorés de toute part. À chaque tournée, nettoyez le fond de la sauteuse avec du papier absorbant, remplacez l'huile d'olive et faites chauffer la sauteuse avant de saisir le poisson. Réservez les morceaux cuits sur du papier absorbant.
Dans la même sauteuse, faites dorer les échalotes émincées finement dans 1 cuillère à soupe d'huile d'olive pendant 3 minutes, à feu moyen ; remuez avec une cuillère en bois. Versez les tomates et leur jus, le concentré de tomates et le vin blanc. Ajoutez les piments (placez-les dans une étamine pour pouvoir les retirer facilement), les doses de safran, le laurier, le thym, un peu de sel et quelques tours de moulin à poivre. Remuez et laissez mijoter 20 minutes à feu moyen, à couvert.
Soulevez le couvercle, remuez à nouveau, écrasez les tomates à la fourchette et poursuivez la cuisson à feu très doux 15 minutes de plus. Vous devez obtenir une purée de tomates très onctueuse.
Si la purée devient trop sèche, rallongez-la pendant la cuisson avec du vin blanc, du jus de tomates ou un peu d'eau. Goûtez et rectifiez l'assaisonnement en sel et poivre.
Lorsque la sauce est presque bouillante, incorporez les morceaux de lotte, remuez et laissez cuire 3 minutes à feu moyen. Vérifiez la cuisson de la lotte : la chair doit être blanche à l'extérieur comme à l'intérieur, rester ferme et surtout ne pas s'émietter.
Servez avec un riz basmati nature.
N'oubliez pas d'ôter les piments oiseaux, la feuille de laurier et les branches de thym avant de servir.

Astuce • Cette méthode de cuisson permet de préparer tous les ingrédients à l'avance, de réchauffer la sauce au dernier moment et de terminer la cuisson du poisson juste avant de passer à table.

Variante
Calamars à l'américaine
Vous pouvez remplacer la lotte par des calamars : comptez alors 800 g environ pour 6 personnes. Nettoyez-les à l'intérieur en retirant l'os et à l'extérieur en enlevant la fine pellicule grise puis découpez-les en rondelles (astuce : mettez du sel sur vos mains et frottez les calamars, la pellicule partira sans problème).
Faites sauter les calamars comme la lotte, en plusieurs fois, mais sans les avoir enrobés de farine au préalable. Pour la suite, suivez exactement les indications de la recette ci-dessus.

Lotte au poivre vert

Pour 4 personnes
15 minutes de préparation
40 minutes de cuisson

8 beaux morceaux de lotte de 75 à 100 g tranchés dans le milieu
3 cuillères à soupe de poivre vert frais
1 boîte de 450 g de tomates pelées
3 échalotes
5 cl de vin blanc sec
5 cl de cognac
2 cuillères à soupe de crème fraîche épaisse
4 brins d'estragon
huile d'olive
sel fin

Demandez au poissonnier de trancher les morceaux dans le milieu du poisson.
Mixez le poivre vert assez fin et mettez-le dans une assiette creuse avec 1 cuillère à café rase de sel fin. Roulez les morceaux de lotte de tous côtés afin qu'ils soient bien recouverts de poivre et de sel.
Faites chauffer une sauteuse avec 1 cuillère à soupe d'huile d'olive et faites-y dorer les morceaux de lotte en plusieurs fois (4 par 4) pendant 3 minutes, jusqu'à ce qu'ils soient dorés de toute part. À chaque tournée, nettoyez le fond de la sauteuse avec du papier absorbant, remplacez l'huile d'olive et faites chauffer la sauteuse avant de saisir le poisson. Réservez les morceaux cuits sur du papier absorbant, entre deux assiettes.
Dans la même sauteuse, versez les tomates pelées avec leur jus et le vin blanc, ajoutez les échalotes tranchées finement et laissez réduire en purée pendant 30 minutes à feu doux.
Incorporez la crème fraîche et les morceaux de poisson, arrosez avec de cognac et flambez.
Poursuivez la cuisson 2 à 3 minutes pour que le poisson soit bien chaud ; servez immédiatement, saupoudré d'estragon ciselé.
Je vous conseille des pommes de terre sautées pour accompagner ce plat.

Note • Vous pouvez préparer la sauce à l'avance, la réchauffer avant de passer à table et incorporer le poisson au dernier moment.

Cocotte de lotte aux navets caramélisés

Pour 6 personnes
20 minutes de préparation
20 minutes de cuisson

1 kg de queue de lotte
800 g de navets en botte et épluchés
1 gros oignon coupé en quartiers
2 cuillères à soupe de miel
1/2 cuillère à café de cumin
huile d'olive
fleur de sel, poivre du moulin

Demandez au poissonnier de la queue de lotte sans la peau ni l'arête centrale.
Dans une cocotte, faites chauffer 1 cuillère à soupe d'huile d'olive ; ajoutez les navets, l'oignon et le miel ; saupoudrez de cumin. Salez et poivrez légèrement puis mélangez.
Faites dorer les légumes 5 minutes à feu assez fort en remuant avec une cuillère en bois.
Lavez et séchez le poisson et coupez-le en gros cubes.
Dès que les légumes sont bien dorés de toute part, versez 2 verres d'eau, portez à ébullition, fermez la cocotte, baissez le feu au minimum et laissez cuire 10 minutes. Vérifiez de temps en temps que cela ne sèche pas et ajoutez de l'eau si nécessaire.
Dès que les navets sont cuits « al dente », posez les morceaux de poisson dessus, salez, poivrez, arrosez d'un filet d'huile d'olive et refermez la cocotte.
Poursuivez la cuisson 5 minutes à feu doux.
Vérifiez la cuisson du poisson : il doit être à peine ferme au toucher et très blanc à l'extérieur comme à l'intérieur. Servez immédiatement.

Cocotte de cabillaud aux rattes

Pour 6 personnes
15 minutes de préparation
25 minutes de cuisson

6 pavés de 150 g de cabillaud lavés et séchés
800 g de rattes nettoyées
1 gros oignon coupé en petits quartiers
2 gousses d'ail dégermées
2 brins de thym
1 feuille de laurier
huile d'olive
fleur de sel, poivre du moulin

Dans une cocotte, faites chauffer 2 cuillères à soupe d'huile d'olive ; ajoutez les rattes, l'oignon, les gousses d'ail, le thym et le laurier. Salez et poivrez légèrement. Faites dorer les légumes 5 minutes à feu assez fort en remuant avec une cuillère en bois. Versez 2 verres d'eau, portez à ébullition, fermez la cocotte, baissez le feu au minimum et laissez cuire 10 minutes. Vérifiez de temps en temps que cela ne sèche pas et ajoutez de l'eau si nécessaire. Dès que les pommes de terre sont cuites « al dente », posez les morceaux de poisson dessus, salez, poivrez légèrement et refermez la cocotte. Poursuivez la cuisson 5 à 7 minutes à feu doux.
Vérifiez la cuisson du poisson : il doit être à peine ferme au toucher et de couleur nacrée à l'extérieur comme à l'intérieur, les lamelles doivent commencer à se détacher toutes seules.

Plusieurs poissons

la bourride de Manou
thieboudienne de Lélé
le couscous de Jean-Mérou
bouillabaisse
le tajine de Nourithe

Soupe poisson-coco

Pour 6 personnes
25 minutes de préparation
30 minutes de cuisson

1 kg de filets de poissons blancs (cabillaud, julienne, lieu noir, lieu jaune, merlan, colin...)
2 l de court-bouillon classique (page 16)
4 oignons frais coupés en lamelles
1 morceau de gingembre frais épluché
40 cl de bouillon de volaille
80 cl de lait de coco
150 g de vermicelles de soja
1 bouquet de coriandre fraîche ciselée
poivre

Préparez le poisson : lavez et séchez les filets et coupez-les en morceaux de 6 cm de long environ. Faites chauffer le court-bouillon classique et plongez-y les morceaux de poisson en commençant par les plus épais et en terminant par les plus fins. Laissez-les 5 minutes dans le court-bouillon puis sortez-les à l'aide d'une écumoire. Épongez-les sur du papier absorbant et réservez-les. Versez le bouillon de volaille et le lait de coco dans une casserole, ajoutez le gingembre coupé en fins bâtonnets et les oignons. Poivrez, mélangez et laissez frémir 15 minutes. Vérifiez l'assaisonnement, plongez-y les vermicelles de soja et faites cuire 3 minutes. Ajoutez les morceaux de poisson et prolongez la cuisson de 2 minutes. Répartissez la soupe dans de grandes assiettes creuses et servez-la saupoudrée de coriandre ciselée.

Astuce • Vous pouvez relever le goût de ce plat avec du piment doux ou fort tranché en fines lamelles et parsemé sur la soupe.
Si vous n'appréciez pas les vermicelles de soja, accompagnez cette soupe de riz gluant.

Soupe de poisson

Pour 8 personnes
1 heure de préparation
1 heure 10 de cuisson

2 kg de poissons de Méditerranée (rascasse, vieille, daurade, un peu de congre, rougets, baudroie...)
4 blancs de poireaux coupés en fines rondelles
4 gros oignons émincés
4 gousses d'ail grossièrement coupées
8 belles tomates bien mûres coupées en gros morceaux
1 bouquet garni (persil, thym, fenouil, basilic)
2 pincées de pistils de safran
2 piments oiseaux écrasés
80 cl d'eau
huile d'olive
sel, poivre

Demandez au poissonnier de choisir des petits poissons, de les écailler et de les vider.
Dans un grand faitout, faites revenir les blancs de poireaux et les oignons dans 3 cuillères à soupe d'huile d'olive. Laissez cuire 15 minutes à feu doux. Ajoutez les gousses d'ail et le bouquet garni, poursuivez la cuisson 5 minutes.
Pendant ce temps, coupez les poissons en morceaux et ajoutez-les dans le faitout (mettez tous les morceaux de poisson : têtes, corps et queues). Faites revenir doucement, pendant 30 minutes environ, en émiettant le poisson au fur et à mesure. Ajoutez les tomates, couvrez avec 80 cl d'eau, salez, poivrez et saupoudrez de piment oiseau. Portez à ébullition et poursuivez la cuisson 20 minutes. Ajoutez le safran et passez la soupe au moulin à légumes puis dans un chinois, afin d'obtenir une texture très fine. Servez immédiatement avec des croûtons et de la rouille (page 178).

La bourride de Manou

Pour 6 personnes
40 minutes de préparation
55 minutes de cuisson

1,5 kg de poissons blancs en tronçons (bar, turbot, colin, lotte, cabillaud...)
20 cl de vin blanc
1 oignon haché
3 tranches de citron
le zeste de 1 orange
1 branche de thym
1 feuille de laurier
2 cuillères à café de graines de fenouil
5 grosses gousses d'ail
2 + 3 jaunes d'œufs
30 cl d'huile d'olive
2 cuillères à soupe de crème fraîche épaisse
sel, poivre

Demandez au poissonnier de préparer des tronçons assez épais. Préparez le bouillon avec 1 litre d'eau, le vin blanc, l'oignon, les tranches de citron, le zeste d'orange, le thym, le laurier, les graines de fenouil et 1 gousse d'ail écrasée. Portez à ébullition et laissez frémir 30 minutes.
Pendant ce temps, préparez un aïoli : pelez 4 gousses d'ail, fendez-les en deux, retirez le germe et mettez-les dans un mortier. Ajoutez 2 jaunes d'œufs et broyez le mélange le plus finement possible, salez et poivrez. Transvasez l'aïoli dans un récipient plus grand et incorporez l'huile en filet en fouettant vigoureusement. La sauce est prête lorsqu'elle a pris une consistance ferme. Salez et poivrez les morceaux de poisson et plongez-les dans le bouillon pendant 15 minutes à petits frémissements. Égouttez-les et gardez-les au chaud arrosés d'une louche de bouillon dans un plat couvert. Filtrez le bouillon, remettez-le sur feu doux et versez l'aïoli tout en fouettant. Ajoutez 3 jaunes d'œufs un à un sans arrêter de fouetter, incorporez la crème fraîche. La sauce doit être épaisse et crémeuse. Mettez les poissons dans une soupière et versez la sauce dessus. Accompagnez ce plat de pommes de terre vapeur ou à l'eau.

Paella de la mer

Pour 6 personnes
40 minutes de préparation
40 minutes de cuisson

250 g de riz rond à risotto (riz arborio de préférence)
1,25 l de court-bouillon épicé ou classique (page 16)
25 cl de vin blanc sec
18 grosses crevettes crues
500 g de moules de bouchot lavées
500 g de pavés de poissons blancs (cabillaud, julienne, lieu jaune...)
3 cuillères à soupe d'huile d'olive
1 oignon finement haché
2 gousses d'ail finement hachées
1 boîte de 240 g de tomates pelées
2 pincées de pistils de safran
3 cuillères à soupe de concentré de tomates
le zeste de 1 grosse orange finement haché
200 g de petits pois frais
sel, poivre

Décortiquez complètement les crevettes, incisez le dos et retirez le petit filet noir. Coupez les pavés de poisson en morceaux. Diluez le safran dans le vin blanc. Faites chauffer le court-bouillon. Dans une grande sauteuse, faites chauffer l'huile d'olive ; ajoutez l'ail et l'oignon puis baissez le feu. Dès que l'oignon est transparent, incorporez le riz, les tomates pelées coupées grossièrement, le concentré de tomates, le zeste d'orange et le vin au safran. Salez et poivrez. Laissez cuire jusqu'à absorption du vin. Mouillez avec une louche de court-bouillon chaud et laissez cuire en remuant sans cesse jusqu'à ce qu'il ne reste plus de liquide. Répétez l'opération jusqu'à ce qu'il ne reste qu'une louche de court-bouillon et que le riz soit bien crémeux.
Faites cuire les petits pois écossés 7 minutes dans l'eau bouillante salée.
Posez le poisson, les crevettes, les moules et les petits pois sur le riz, baissez le feu et couvrez pendant 10 minutes, puis versez la dernière louche de court-bouillon.
Vérifiez la cuisson et servez immédiatement en veillant à retirer les moules qui ne se sont pas ouvertes.

Le tajine de Nourithe

Pour 6 personnes
10 minutes de préparation
30 minutes de cuisson

2 kg de daurade
2 gousses d'ail coupées en fines rondelles
1 citron jaune
1 citron confit coupé en petits morceaux
1 cuillère à café de paprika
1 cuillère à café rase de cumin en poudre
1 piment doux finement tranché
1 botte de coriandre fraîche grossièrement ciselée
huile d'olive
sel, poivre

Demandez au poissonnier de vider les poissons, de les écailler et de les couper en tranches épaisses. Dans un bol, mélangez 10 cl d'eau avec 2 cuillères à soupe d'huile d'olive, le jus de 1/2 citron, le paprika, le cumin, du sel et du poivre. Ajoutez 1/2 citron jaune en fines tranches, le citron confit et le piment. Dans une sauteuse ou, encore mieux, dans un tajine, faites dorer l'ail dans 1 cuillère à soupe d'huile d'olive. Dès que l'ail est bien doré, posez les morceaux de poisson dessus, arrosez avec le mélange et saupoudrez de coriandre. Couvrez et laissez cuire 20 minutes à feu doux. Vérifiez la cuisson du poisson et servez avec des pommes de terre vapeur.

Bouillabaisse

Pour 6 personnes
30 minutes de préparation
45 minutes de cuisson

2,5 kg de poissons (rougets, dos de congre, rascasses, daurades, bars...)
3 l de fumet de poissons (page 16)
4 oignons coupés en petits quartiers
5 gousses d'ail dégermées
1 boîte de 240 g de tomates pelées
2 cuillères à soupe de concentré de tomates
6 belles pommes de terre charlotte épluchées et coupées
1 brin de thym
1 brin de fenouil
4 branches de persil plat
1 feuille de laurier
1 cuillère à café de pistils de safran
huile d'olive

Demandez au poissonnier de choisir des petits poissons, de les écailler et de les vider. Faites découper les plus gros en larges tronçons. Dans un grand faitout, faites revenir l'ail et les oignons dans 3 cuillères à soupe d'huile d'olive. Laissez fondre pendant 30 minutes à feu doux, sans couvrir. Pendant ce temps, préparez le fumet de poisson ou réchauffez-le si vous l'avez préparé à l'avance. Ajoutez dans l'ordre les tomates pelées, le concentré de tomates, les pommes de terre, le thym, le fenouil, le persil, le laurier et le safran dilué dans 1 verre de fumet.
Ajoutez les poissons méthodiquement : d'abord les poissons à chair ferme comme le congre, puis la rascasse, la daurade, le bar et enfin les rougets. Salez, poivrez, arrosez d'un filet d'huile d'olive et versez le fumet bouillant dessus. Laissez cuire à feu vif 12 minutes. Retirez les poissons et disposez-les dans un plat de service bien chaud, enlevez les herbes et versez la soupe sur les poissons. Servez immédiatement avec des croûtons, du fromage râpé et de la rouille (page 178).

Conseil • Si vous en avez le courage, vous pouvez améliorer cette recette en remplaçant le fumet de poisson par de la soupe de poisson maison (page 98)... Vous pouvez aussi acheter de la très bonne soupe en bocal...

Couscous « Francius » ou le couscous de Jean-Mérou

Pour 8 personnes
1 heure de préparation
1 heure 10 de cuisson
24 heures de marinade

POUR 3 LITRES DE FUMET :
têtes et parures de poissons et si possible une tranche et une tête de mérou
3 gousses d'ail
2 oignons
1 clou de girofle
2 feuilles de laurier
2 brins de thym
3 cuillères à soupe d'huile d'olive
1 cuillère à soupe de poivre en grains
1 cuillère à soupe de gros sel de mer

POUR LE COUSCOUS :
2,5 kg de poissons en grosses tranches (rascasse, daurade, mérou, pageot, mulet noir)
4 cuillères à soupe de gros sel de mer
4 cuillères à café de cumin en poudre
4 gros oignons
2 petites boîtes de concentré de tomates
3 cuillères à soupe de ras el hanout
1 cuillère à café de poivre en grains
1 piment vert
8 carottes
4 navets moyens
2 bulbes de fenouil
1/2 chou vert
3 courgettes
1 boîte de 240 g de pois chiches
4 cuillères à soupe d'huile d'olive
800 g de semoule de couscous très fine
25 g de beurre
sel

Lavez et séchez les morceaux de poisson puis roulez-les dans le mélange de gros sel de mer et de cumin en poudre. Placez-les 24 heures au réfrigérateur, dans un grand plat couvert de film alimentaire.
Pour préparer le fumet, mettez dans une grande cocotte les têtes et les parures de poissons, les gousses d'ail écrasées, les oignons dont l'un piqué du clou de girofle, le laurier, le thym, l'huile d'olive, le gros sel et le poivre en grains. Couvrez avec 3 litres d'eau, portez à ébullition et laissez frémir 15 minutes. Filtrez, récupérez la chair des poissons puis remettez-la dans le fumet. Réservez au chaud.
Dans un grand faitout, faites chauffer 4 cuillères à soupe d'huile d'olive et faites-y dorer les oignons coupés en petits quartiers pendant 5 minutes. Ajoutez le concentré de tomates et le ras el hanout, couvrez avec 25 cl de fumet, mélangez et laissez cuire à feu doux 15 minutes, à couvert.
Pendant ce temps, épluchez les carottes et coupez-les en deux ; épluchez les navets, coupez les bulbes de fenouil en deux, le chou en quartiers et les courgettes en deux dans l'épaisseur puis à nouveau en deux dans la longueur.
Ajoutez la totalité du fumet, le piment vert, le poivre en grains ; mélangez, gouttez et rectifiez l'assaisonnement en sel.
Ajoutez les carottes, couvrez et laissez cuire à petits frémissements 10 minutes. Ajoutez les navets et le fenouil et poursuivez la cuisson 10 minutes, toujours à couvert. Terminez en ajoutant le chou, les courgettes et les pois chiches ainsi que les morceaux de poisson que vous aurez rincés au préalable. Fermez et laissez cuire 12 minutes de plus.
Pendant ce temps, préparez la semoule en suivant les indications portées sur le paquet ; dès qu'elle est prête, incorporez le beurre en petits morceaux. Avant de servir, n'oubliez pas de retirer le piment vert.
Servez dans les assiettes la semoule, les légumes et le poisson, et arrosez généreusement de bouillon.

Conseil • Le fin du fin est de réaliser ce couscous uniquement avec du mérou, mais c'est cher et votre poissonnier n'en aura pas forcément. Vous pouvez lui en commander en lui précisant que vous avez besoin de la tête pour confectionner le fumet. Je n'aurai qu'un conseil à vous donner : choisissez votre poisson en fonction de sa fraîcheur. S'il n'y a pas de mérou tant pis, prenez un ou plusieurs poissons qui vous inspirent : des daurades, de la rascasse, du pageot feront très bien l'affaire...

Thieboudienne de Lélé

Pour 8 personnes
1 heure de préparation
1 heure de cuisson

2,5 kg de poissons en gros morceaux (rascasse, daurade, pageot, colin)
100 g de poisson séché (guedj)
50 g de mollusques (yète)
300 g de concentré de tomates
1 boîte de 400 g de tomates pelées
1 piment antillais frais
4 petits piments oiseaux secs
2 cubes de bouillon « jumbo »
1/2 bouquet de persil plat
2 gousses d'ail
4 oignons
4 carottes
8 petits navets
1 aubergine
1/2 chou bien pommé
2 courgettes
600 g de riz cassé
huile d'olive
sel, poivre du moulin

Lavez bien le poisson et mettez-le à sécher sur du papier absorbant.
Pour préparer la farce pour le poisson, passez au mixeur les feuilles de persil plat lavées et séchées avec les gousses d'ail dégermées, les piments secs et quelques tours de moulin à poivre.
Piquez les morceaux de poisson et farcissez-les avec ce mélange. Réservez-les au frais pendant la préparation, dans un plat couvert de film alimentaire.
Dans un grand faitout, faites dorer les oignons coupés en petits quartiers avec le yète bien lavé pendant 5 minutes. Ajoutez le concentré de tomates, les tomates pelées, le piment antillais, les cubes « jumbo » et 2 litres d'eau. Portez à ébullition.
Pendant ce temps, préparez les légumes : épluchez les carottes et coupez-les en deux, épluchez les navets, découpez l'aubergine en tranches de 1 cm d'épaisseur puis chaque tranche en deux, le chou en quartiers et les courgettes en deux dans l'épaisseur puis en deux dans la longueur.
Dès que le bouillon est bien chaud, remuez-le, goûtez et rectifiez l'assaisonnement en sel. Ajoutez les carottes et le poisson séché guedj, couvrez et laissez cuire 10 minutes à petits frémissements.
Ajoutez les navets et les aubergines et poursuivez la cuisson 10 minutes, à couvert.
Pendant ce temps, faites dorer les morceaux de poisson dans de l'huile d'olive et réservez-les sur du papier absorbant.
Ajoutez le chou et les courgettes, les morceaux de poisson et laissez cuire 12 minutes, toujours à couvert.
Enlevez les légumes et le poisson ; réservez le tout au chaud dans deux plats différents.
Jetez le yète et le guedj.
Dès que le riz est cuit, servez-le avec les légumes et le poisson.

Conseil • Vous trouverez le « yète », le « guedj », le bouillon « jumbo » ainsi que le riz cassé dans les épiceries africaines.

Poissons crus

ou comment devenir
maître ès sushis

De l'art d'accommoder le cru

Voici trois variantes de préparation de poisson cru : le tartare, le carpaccio et le sushi ou le sashimi. Le plus important est que le poisson soit très frais. Ne le conservez pas longtemps, consommez-le sans attendre. Il vous faudra surtout de bons couteaux bien aiguisés.

Carpaccio de poisson

Comment faire des tranches fines si la chair du poisson est molle ? Je vous conseille de mettre le poisson au congélateur 1 heure avant de l'émincer finement avec un couteau très aiguisé. Disposez ensuite les tranches sur les assiettes badigeonnées d'huile d'olive. Vous pouvez les laisser quelques minutes au réfrigérateur, couvertes de film alimentaire. Assaisonnez le poisson juste avant de servir.
Vous procéderez de la même façon pour tous les filets de poisson. S'il s'agit de pavés, le tranchage sera simplifié car l'épaisseur du poisson sera la même partout.

Tartare de poisson

Munissez-vous de deux très bons couteaux. D'abord, découpez le filet ou le pavé de poisson en gros morceaux puis hachez chaque morceau à la main en croisant les deux couteaux. Surtout n'utilisez pas de machine pour hacher le poisson : vous le réduiriez en purée. Vous pouvez assaisonner le tartare bien avant de le servir, et le laisser au réfrigérateur. En revanche, si vous utilisez du citron, ne l'incorporez qu'au dernier moment sinon il cuirait la chair du poisson.

Sushi et sashimi

Utilisez un couteau très aiguisé pour préparer les petits filets de poisson qui viendront garnir vos sushi ou que vous consommerez en sashimi. Découpez les filets de poisson de haut en bas en « blocs » de la largeur de 4 doigts, puis émincez chaque « bloc » en lamelles de 5 mm d'épaisseur dans le sens inverse des fibres du poisson.

Tartare de haddock aux pommes

Pour 4 personnes
15 minutes de préparation

400 g de haddock
1 pomme granny
1/2 oignon rouge coupé en petits cubes
le jus de 2 citrons
1/2 bouquet de ciboulette ciselée
4 cuillères à soupe d'huile d'olive
poivre du moulin

Demandez au poissonnier du haddock bien frais à manger cru. Épluchez la pomme, coupez-la en petits cubes et arrosez-la avec 1 jus de citron pour qu'elle ne brunisse pas.
Enlevez la peau du poisson et détaillez-le en morceaux. Hachez grossièrement les morceaux à la main à l'aide de deux couteaux bien tranchants.
Préparez un assaisonnement avec le reste de jus de citron, l'huile d'olive et le poivre.
Mélangez délicatement la pomme, l'oignon et le poisson avec l'assaisonnement. Répartissez dans les assiettes et saupoudrez de ciboulette.
Surtout ne salez pas, le poisson l'est déjà bien assez !

Tartare de thon aux pignons

Pour 4 personnes
15 minutes de préparation

400 g de filet de thon rouge
2 cuillères à soupe de pignons de pin
2 poignées de roquette
1/2 bouquet de cerfeuil
3 cuillères à soupe d'huile de noisette
1 morceau de parmesan frais
tabasco
fleur de sel, poivre du moulin

Demandez au poissonnier du thon rouge bien frais à manger cru.
Faites dorer les pignons quelques minutes dans une poêle bien chaude.
Mixez la roquette avec les pignons, le cerfeuil, l'huile de noisette, quelques gouttes de tabasco, du sel et du poivre. Donnez quelques tours sans pour autant réduire le mélange en purée.
Détaillez le poisson en morceaux et hachez-les grossièrement à la main en vous aidant de deux couteaux bien aiguisés.
Mélangez délicatement le poisson et l'assaisonnement.
Répartissez dans les assiettes, saupoudrez de fleur de sel et donnez un tour de moulin à poivre.
Ajoutez quelques copeaux de parmesan faits avec un couteau économe.

Tartare de cabillaud aux herbes

Pour 4 personnes
15 minutes de préparation

400 g de cabillaud
8 brins de ciboulette
4 brins de coriandre
4 brins de cerfeuil
2 brins de persil plat
2 brins d'estragon
2 oignons frais
2 cuillères à soupe d'huile d'olive
2 cuillères à soupe d'huile de noisette
fleur de sel, poivre du moulin

Demandez au poissonnier de préparer des filets de cabillaud sans la peau.
Lavez et séchez toutes les herbes, puis hachez-les grossièrement.
Détaillez le blanc des oignons frais en petits morceaux et les tiges en rondelles.
Détaillez le cabillaud en morceaux puis hachez-les à la main à l'aide de deux couteaux bien tranchants.
Dans un grand plat, mélangez délicatement les herbes et les oignons avec le poisson ; terminez en versant les deux huiles, assaisonnez avec de la fleur de sel et du poivre du moulin.
Servez bien frais, accompagné d'une salade verte et de tranches de pain de campagne grillées.

Note • Vous pouvez parfumer encore plus ce tartare en mixant quelques noisettes fraîches avant de les répartir sur le poisson.

Sardines crues marinées

Pour 6 à 8 personnes
20 minutes de préparation
1 heure de marinade

20 sardines de taille moyenne (40 filets)
10 cl d'huile d'olive
le jus de 3 citrons verts
10 brins de coriandre
4 oignons frais
4 cuillères à soupe de pignons de pin
crème fraîche
baguette
sel, poivre du moulin

Demandez au poissonnier des sardines bien fraîches et faites-lui lever les filets, trancher les queues et les nageoires dorsales. Vérifiez bien qu'il ne reste pas d'écailles. Rincez les filets de sardines et séchez-les sur du papier absorbant.
Préparez la marinade dans un bol avec l'huile d'olive, le jus de citron, la coriandre ciselée, le blanc des oignons coupé en petits morceaux et le vert en rondelles. Salez et poivrez.
Dans le fond d'une terrine, disposez un tiers des filets de sardines et versez le tiers de la marinade. Procédez de même pour les deux tiers restants, terminez par la marinade. Parsemez de pignons de pin. Couvrez la terrine de film alimentaire et mettez-la au réfrigérateur au moins 1 heure.
Au moment de servir, faites griller des tranches de baguette (ou de pain de campagne), tartinez-les d'un peu de crème fraîche, donnez un tour de moulin à poivre, déposez les sardines marinées et arrosez d'un petit trait de marinade.
Vous pouvez aussi les manger sans le pain, avec ou sans crème fraîche, suivant votre goût.

FRANCE

Pousses d'épinards et thon

Pour 4 personnes
20 minutes de préparation

300 g de thon rouge bien frais
2 poignées de pousses d'épinards
8 morceaux de tomates séchées
1/2 bouquet de coriandre fraîche
4 cuillères à soupe d'huile d'olive
1 cuillère à soupe de sauce soja
1/2 cuillère à café de pâte wasabi
fleur de sel, poivre du moulin

Demandez au poissonnier du filet de thon rouge très frais.
Lavez et essorez les pousses d'épinards.
Lavez et séchez le morceau de thon et détaillez-le en petits cubes. Coupez les tomates séchées en tranches et ciselez la coriandre.
Dans un saladier, préparez l'assaisonnement en mélangeant l'huile d'olive avec la pâte wasabi ; allongez avec la sauce soja et donnez quelques tours de moulin à poivre.
Juste avant de servir, mélangez les pousses d'épinards avec le thon et les tomates séchées et saupoudrez de coriandre ciselée. Goûtez et rectifiez l'assaisonnement avec de la fleur de sel (la sauce soja est déjà très salée) et le poivre du moulin.

Suggestion • Vous pouvez aussi ajouter quelques pignons de pin qui apporteront un petit côté croquant à cette salade, et des graines de sésame légèrement dorées.

Thon rouge au sésame

Pour 4 personnes
20 minutes de préparation
5 minutes de cuisson

600 g de filet de thon rouge sans la peau
100 g de graines de sésame
2 cuillères à café d'huile de sésame
1 cuillère à soupe de sauce soja
2 cuillères à soupe de mirin
3 cuillères à café de sucre en poudre
80 g de dashi instantané en granulés
25 cl d'eau chaude

Demandez au poissonnier du filet de thon rouge très frais. Lavez-le, épongez-le avec du papier absorbant et découpez-le en pavés de la largeur de 4 doigts. Émincez chaque pavé en lamelles de 5 mm d'épaisseur dans le sens inverse des fibres du poisson. Déposez ces lamelles dans un plat rond en laissant au milieu suffisamment de place pour y mettre plus tard le bol de sauce. Couvrez le poisson de film alimentaire et réservez-le au frais jusqu'au moment de servir. Faites griller les graines de sésame à sec dans une poêle 3 à 5 minutes en remuant constamment jusqu'à ce qu'elles soient dorées. Broyez les graines et ajoutez l'huile de sésame pour former une pâte. Mélangez cette pâte avec la sauce soja, le mirin, le sucre, le dashi et l'eau. Laissez refroidir. Servez le poisson bien frais avec la sauce froide.

Astuce • Vous pouvez conserver la sauce deux jours au frais. Vous trouverez le mirin (vin de riz) et le dashi (bouillon de base déshydraté) dans les épiceries exotiques.

Sashimi de saumon

Pour 6 à 8 personnes
20 minutes de préparation

600 g de filets de saumon bien frais
sauce soja
pâte wasabi

Précisez au poissonnier que le poisson doit être mangé cru et demandez-lui d'enlever la peau des filets, la partie noire et les arêtes. Rincez le poisson, séchez-le et vérifiez que toutes les arêtes ont été enlevées, sinon munissez-vous d'une pince à épiler et terminez le travail. Découpez les filets de saumon en pavés d'une largeur de 4 doigts et émincez chaque pavé en lamelles de 5 mm d'épaisseur dans le sens inverse des fibres du poisson.
Pour la sauce, écrasez 1 cuillerée à café de wasabi pour un petit bol de sauce soja ou plus selon votre goût. Déposez le poisson dans un plat et servez avec le petit bol de sauce au centre.

Note • Vous pouvez préparer le poisson à l'avance et le laisser au frais couvert de film alimentaire en attendant l'heure de l'apéritif. Ne mettez pas la sauce au frais.
Vous pouvez réaliser cette recette avec du thon, de la daurade, du bar, de la perche...

Carpaccio au citron vert

Pour 4 personnes
30 minutes de préparation
1 heure de congélation

4 filets de daurade de 80 à 100 g
le jus de 1/2 citron vert
3 cuillères à soupe d'huile d'olive
quelques brins de ciboulette ciselée
fleur de sel, poivre du moulin

Précisez au poissonnier que le poisson sera mangé cru et demandez-lui de lever les filets de daurade, d'enlever la peau et les arêtes. Rincez-les, emballez-les de film alimentaire et placez-les au congélateur environ 1 heure. Pendant ce temps, badigeonnez les quatre assiettes d'huile d'olive et mélangez le reste d'huile au jus de citron vert pour la sauce. Dès que les filets sont assez fermes pour être tranchés, munissez-vous d'un long couteau souple et bien aiguisé, appliquez-le au milieu du poisson et tranchez dans l'épaisseur et en biais. Disposez les tranches et les petits morceaux restants sur les assiettes. Si vous ne passez pas tout de suite à table, couvrez chaque assiette de film alimentaire et placez-les au frais. Juste avant de servir, arrosez chaque assiette de sauce et saupoudrez d'une pincée de fleur de sel, d'un tour de moulin à poivre et de ciboulette.

Truite toute crue

Pour 6 à 8 personnes
25 minutes de préparation
12 heures de marinade

600 g de filet de truite
2 oignons blancs
25 cl d'huile de tournesol
pain de campagne
crème fraîche
fleur de sel, poivre du moulin

Demandez au poissonnier de préparer les filets, d'enlever la peau, les arêtes et la partie noire. Lavez les filets de truite, épongez-les avec du papier absorbant et vérifiez qu'il ne reste plus d'arêtes. À l'aide d'un couteau bien aiguisé, débitez les filets en lamelles de 1 cm d'épaisseur. Coupez les oignons en rondelles très fines. Dans une terrine ou un bocal en verre, déposez quelques lamelles de truite puis quelques rondelles d'oignon et procédez ainsi en alternant les couches jusqu'à épuisement des ingrédients. Versez l'huile dans le bocal et fermez hermétiquement. Laissez mariner au frais pendant 12 heures. Au moment de servir, faites griller des tranches de pain de campagne et proposez le poisson sur le pain, avec quelques oignons de la marinade et une noisette de crème fraîche. Assaisonnez avec de la fleur de sel et du poivre du moulin.

Carpaccio façon thaï

Pour 4 personnes
30 minutes de préparation
1 heure de congélation
1 heure 30 de marinade

400 g de filet d'espadon
le zeste et le jus de 1/2 citron vert
3 cuillères à soupe d'huile de sésame
1 tige de citronnelle en petites rondelles
1 cuillère à soupe de graines de sésame
fleur de sel, poivre du moulin

Demandez au poissonnier du filet d'espadon de toute première fraîcheur pour manger cru. Rincez-le, emballez-le dans du film alimentaire et placez-le au congélateur environ 1 heure. Pendant ce temps, préparez la marinade avec le zeste et le jus de citron, l'huile de sésame, la citronnelle, du sel et du poivre. Laissez au frais. Dès que le filet est assez ferme, munissez-vous d'un couteau long et bien aiguisé pour découper des tranches très fines. Disposez-les sur chaque assiette et versez un peu de marinade filtrée à travers une petite passoire. Couvrez chaque assiette de film alimentaire et laissez mariner au frais pendant 30 minutes. Dans une poêle, faites griller 3 à 5 minutes les graines de sésame en remuant jusqu'à ce qu'elles soient bien dorées. Juste avant de servir, saupoudrez de graines de sésame dorées, d'une pincée de fleur de sel et donnez un tour de moulin à poivre.

Tartare de daurade

Pour 4 personnes
30 minutes de préparation
30 minutes de cuisson

400 g de filets de daurade
300 g de lentilles vertes
1/2 bouquet de coriandre fraîche hachée
1 morceau de gingembre de 4 cm pelé
le jus de 1/2 citron vert
huile d'olive
fleur de sel, poivre du moulin

Demandez au poissonnier de préparer des filets de daurade sans la peau et bien frais, à manger crus. Faites cuire les lentilles, égouttez-les et laissez-les refroidir (elles doivent rester « al dente » et surtout ne pas tomber en purée).
Tranchez le gingembre en fins bâtonnets. Faites chauffer 1 cuillère à soupe d'huile d'olive pour faire frire le gingembre 5 minutes. Égouttez-le sur du papier absorbant et laissez refroidir.
Détaillez la daurade en morceaux et hachez-les grossièrement à l'aide de deux couteaux.
Dans un bol, préparez la sauce avec le jus de citron, 4 cuillerées à soupe d'huile d'olive, un peu de sel et de poivre. Mélangez délicatement les lentilles, le gingembre, le poisson et la coriandre. Terminez en incorporant la sauce. Servez frais, saupoudré d'une pincée de fleur de sel et de poivre du moulin.

Sushi

Pour 6 à 8 personnes
40 minutes de préparation
30 minutes de repos
30 minutes de cuisson

400 g de poisson (daurade, saumon, thon)
450 g de riz japonais
20 cl de vinaigre de riz
1 cuillère à soupe de sucre en poudre
1 cuillère à café de sel
pâte wasabi
sauce soja

Dites au poissonnier que le poisson sera mangé cru et demandez-lui d'enlever la peau des filets, la partie noire et les arêtes.
Lavez le riz à l'eau froide plusieurs fois jusqu'à ce qu'elle soit claire, égouttez et laissez reposer 30 minutes.
Mettez le riz dans une casserole et versez 60 cl d'eau. Couvrez et portez à ébullition sur feu vif. Baissez le feu de moitié et laissez cuire 10 minutes puis encore 5 minutes à feu doux. Retirez la casserole du feu et laissez le riz gonfler, toujours à couvert, dans sa vapeur, 10 à 15 minutes.
Pendant ce temps, dans une petite casserole, faites fondre le sucre et le sel dans le vinaigre de riz.
Quand le riz est bien gonflé, versez-le dans un saladier et arrosez-le du vinaigre en mélangeant délicatement avec une spatule en bois. Laissez-le refroidir tout seul : surtout ne le mettez pas au réfrigérateur.
Préparez les poissons : découpez les filets en pavés de la largeur de 4 doigts et émincez chaque pavé en lamelles de 5 mm d'épaisseur dans le sens inverse des fibres du poisson.
Dès que le riz est bien froid, humidifiez un torchon pour avoir toujours les mains mouillées et façonnez les boulettes en utilisant le creux de la main pour leur donner une forme de rectangle aux angles arrondis. Étalez un peu de pâte wasabi sur la boulette et posez dessus un morceau de poisson.
Continuez jusqu'à épuisement des ingrédients.
Dégustez immédiatement avec de la sauce soja car les sushi n'apprécient guère le réfrigérateur.

À marée basse...

homard breton
moules de bouchot
langoustines
crevettes bouquet
crabe enragé

Bivalves

Coques

Elles se consomment crues ou cuites ; pour ma part, je les préfère cuites ! Avant de les manger assurez-vous qu'elles sont bien vivantes et rejetez celles qui sont ouvertes. Faites-les dégorger dans l'eau froide salée au moins 1 heure car elles contiennent beaucoup de sable. Commencez par les brasser, puis laissez-les tremper avant de les recueillir soigneusement pour ne pas soulever le sable.
Faites-les sauter dans un faitout 3 à 4 minutes jusqu'à ce qu'elles soient ouvertes. Si vous devez utiliser le jus de cuisson, passez-le à travers un chinois ou un linge fin pour enlever tout le sable.

Palourdes

Préférez la palourde grise, « la véritable », à la blanche ou à la rose. Elles se consomment crues, cuites ou gratinées. Vous pouvez les conserver jusqu'à 7 jours dans le bas du réfrigérateur. Avant de les ouvrir, lavez-les à grande eau additionnée de sel puis disposez-les sur un grand plateau et attendez qu'elles s'entrouvrent. Dès qu'elles sont assez ouvertes pour que l'on puisse y glisser le couteau, il ne vous reste plus qu'à procéder comme pour les huîtres. Si elles ne s'entrouvrent pas d'elles-mêmes, utilisez la lame d'un couteau au niveau du talon du coquillage. Pour les faire cuire, faites-les chauffer dans un grand faitout jusqu'à ce qu'elles s'ouvrent toutes, ou disposez les sous le gril du four après les avoir farcies et laissez-les gratiner 10 minutes.

Pétoncles

Insistez auprès du poissonnier pour qu'il en trouve des frais encore dans leur coquille. Ils se consomment plutôt cuits, sautés, au four, à la vapeur, au court-bouillon... Après les avoir bien nettoyés, placez-les sous le gril du four ; dès qu'ils sont tous ouverts, arrosez-les d'un filet d'huile d'olive-citron et dégustez-les tout chauds...

Clams

Ils se consomment crus ou cuits, mais avant tout il faut les ouvrir. Introduisez la pointe d'un couteau dans le muscle noir situé sur le côté. Avant de les manger, vous devez vous assurer qu'ils sont tous vivants : ils doivent être bien fermés. Laissez-les quelques heures dans l'eau froide salée pour les débarrasser du sable. Faites-les chauffer dans un grand faitout jusqu'à ce qu'ils s'ouvrent tous.

Praires

Préférez les plus grosses, ce sont les meilleures. Elles se consomment crues ou cuites et peuvent être conservées 3 jours dans le bas du réfrigérateur. Pour les laver et les ouvrir, employez la même méthode que pour les palourdes.
Elles sont aussi bonnes à la vapeur, placées au-dessus d'un bouillon relevé pendant 10 minutes, que gratinées au four pendant 5 à 6 minutes ou bien cuites à l'étuvée.

Amandes de mer

Une chose à savoir pour vérifier leur fraîcheur : un coquillage qui bâille doit se refermer aussitôt que l'on tapote sa coquille. Lavez-les à grande eau et éliminez celles qui sont entrouvertes et qui ne se referment pas spontanément, puis égouttez-les sur un torchon. On peut les consommer crues ou cuites. Pour les faire cuire, faites-les sauter dans un grand faitout jusqu'à ce qu'elles soient toutes ouvertes puis faites-les gratiner au four, après les avoir farcies, pendant 3 à 4 minutes à 240 °C (thermostat 8).

Palourdes farcies

Pour 6 personnes
30 minutes de préparation
5 minutes de cuisson

36 palourdes grises
60 g de beurre demi-sel ramolli
1 échalote hachée
2 brins de persil hachés
1 pincée de noix de muscade fraîchement râpée
20 g de chapelure fine
poivre blanc

Préchauffez le four à 210 °C (thermostat 7). Lavez les palourdes à grande eau additionnée de sel puis déposez-les sur la lèchefrite et laissez-les s'ouvrir dans le four environ 5 minutes. Dès qu'elles sont ouvertes, sortez-les du four et passez-le en mode gril.
Récupérez l'eau des palourdes et malaxez le beurre avec. Ajoutez l'échalote, le persil, la muscade et un peu de poivre blanc.
Répartissez la farce dans les palourdes, saupoudrez de chapelure et enfournez 3 à 5 minutes, à 10 cm du gril ; elles doivent cuire doucement.
Servez dès qu'elles sont bien gratinées mais attention aux doigts : c'est très chaud !!!

Amandes à l'anis

Pour 6 personnes
5 minutes de préparation
10 minutes de cuisson

6 douzaines d'amandes
3 étoiles de badiane
3 cl de pastis dilué dans 10 cl d'eau
fleur de sel, poivre du moulin

Choisissez et lavez les amandes en suivant les indications de la page 128.
Mettez-les dans une grande cocotte avec la badiane et arrosez-les de pastis dilué dans l'eau.
Couvrez la cocotte (de préférence avec un couvercle en verre, pour pouvoir contrôler la cuisson) et faites chauffer à feu moyen.
Dès que vous entendez un petit sifflement, baissez le feu et poursuivez la cuisson 8 minutes en secouant régulièrement pour que toutes les amandes soient au contact de la chaleur.
Essayez de ne jamais ouvrir la cocotte pour garder toute la vapeur à l'intérieur.
Dès que les amandes sont cuites, servez-les accompagnés de pain de campagne grillé et beurré.

Coques à la coriandre

Pour 4 personnes
15 minutes de préparation
10 minutes de cuisson

2 kg de coques
2 échalotes
1 verre de vin blanc sec
50 g de crème fraîche
1/2 bouquet de coriandre
huile d'olive
poivre

Lavez soigneusement les coques en suivant les conseils de la page 128.
Hachez grossièrement les échalotes et faites-les fondre 2 à 3 minutes dans une sauteuse dans 1 cuillère à soupe d'huile d'olive.
Ajoutez les coques, arrosez de vin blanc, poivrez, couvrez et laissez-les s'ouvrir à feu vif 3 à 5 minutes environ. Secouez la sauteuse de temps en temps pour qu'elles soient toutes au contact de la chaleur.
Dès qu'elles sont bien ouvertes, versez-les dans une passoire, récupérez le jus de cuisson puis remettez-les au chaud dans la sauteuse couverte, hors du feu.
Filtrez le jus de cuisson à travers un linge, incorporez la crème fraîche et laissez chauffer 3 minutes à feu moyen, sans porter à ébullition.
Versez la sauce sur les coques, ajoutez la coriandre ciselée et mélangez délicatement.
Servez immédiatement lors d'un apéro bien décontracté car vos amis vont s'en mettre plein les doigts... N'oubliez ni les serviettes ni les rince-doigts !

Pétoncles au four

Pour 6 personnes
10 minutes de préparation
5 à 10 minutes de cuisson

6 douzaines de pétoncles dans leur coquille
1 cuillère à soupe d'huile d'olive
10 g de beurre salé
le jus de 1/4 de citron
poivre du moulin

Insistez auprès du poissonnier pour qu'il vous procure des pétoncles dans leur coquille.
Faites chauffer le gril du four et garnissez la lèchefrite de papier d'aluminium.
Disposez les pétoncles sur la lèchefrite et enfournez-les dès que le gril est bien rouge.
Laissez les pétoncles s'ouvrir : il leur faudra environ 5 à 10 minutes.
Pendant ce temps, faites fondre le beurre avec l'huile d'olive, le jus de citron et un tour de moulin à poivre.
Dès que tous les pétoncles sont ouverts, arrosez-les de beurre fondu et dégustez-les immédiatement.

Linguine aux coquillages et au lard

Pour 6 personnes
50 minutes de préparation
15 minutes de cuisson

500 g de linguine (pâtes)
1 kg de grosses coques
500 g de praires
500 g de palourdes
2 échalotes
10 g de beurre
2 verres de vin blanc sec
2 branches de thym frais
20 cl de crème liquide
150 g de poitrine fumée
100 g de parmesan frais
1/2 bouquet de ciboulette
sel, poivre

Lavez les coquillages en suivant les conseils de la page 128.
Dans une grande casserole, faites fondre les échalotes dans le beurre. Ajoutez les coquillages et le thym, arrosez avec le vin, donnez quelques tours de moulin à poivre puis faites-les cuire 3 à 5 minutes à feu vif, à couvert. Secouez plusieurs fois la casserole et veillez à ce que tous les coquillages soient bien ouverts.
Versez les coquillages dans une passoire, laissez-les refroidir et filtrez le jus de cuisson à travers un linge.
Dans une grande sauteuse ou dans un wok, faites chauffer tout doucement le jus de cuisson mélangé à la crème liquide.
Coupez la poitrine fumée en petits dés et faites-les dorer dans une poêle à feu vif pendant 3 minutes.
À l'aide d'un économe, détaillez le parmesan en tranches très fines.
Faites chauffer une grande quantité d'eau salée pour y faire cuire les pâtes.
Pendant ce temps, décoquillez les coquillages cuits et réservez-les.
Faites cuire les pâtes dans l'eau bouillante 2 minutes de moins que le temps indiqué sur le paquet : elles doivent être légèrement croquantes. Prélevez 2 louches d'eau des pâtes et incorporez-la à la crème.
Dans le wok, ajoutez les lardons et les coquillages puis les pâtes à peine égouttées. Remuez et prolongez la cuisson de 2 à 3 minutes ; les pâtes doivent rester « al dente ».
Servez immédiatement dans des assiettes creuses, donnez un tour de moulin à poivre, répartissez les tranches de parmesan dessus et saupoudrez de ciboulette ciselée.

Astuce • Si les praires et les palourdes sont plus grosses que les coques, faites cuire les coquillages séparément : les coques d'une part et les praires et les palourdes d'autre part. Vous pouvez aussi, si vous le désirez, ne mettre que des coques : dans ce cas prenez-en 2 kg.
Vous pouvez préparer cette recette à l'avance. Préparez tous les ingrédients et réchauffez la sauce tout doucement au dernier moment, puis faites cuire les pâtes et procédez comme indiqué ci-dessus.

Gastéropodes

Bigorneaux

L'opercule doit être bien collé à l'animal et il doit se dégager une odeur de mer. Rincez-les à l'eau claire et mettez-les dans de l'eau froide, faites chauffer et laissez cuire 3 minutes à partir de l'ébullition. Ne mangez que ceux dont l'opercule est bien fermé.

Bulots

Ils supportent très mal le réfrigérateur, veillez à ce qu'ils ne sentent pas mauvais à l'achat. Rincez-les à l'eau tiède, frottez-les avec une brosse et laissez-les tremper dans plusieurs eaux salées, finissez par de l'eau claire. Comptez environ 3 bains de 1 heure. Mettez-les dans de l'eau froide, faites chauffer et laissez frémir 5 minutes à partir de l'ébullition.

Bulots à la badiane

Pour 4 personnes
5 minutes de préparation
5 minutes de cuisson

1,5 kg de bulots
2 cuillères à soupe de gros sel de mer
1 branche de thym
1 feuille de laurier
1 cuillère à café de poivre en grains
6 étoiles de badiane

Lavez bien les bulots et mettez-les dans une grande casserole d'eau froide.
Ajoutez le sel, le thym, le laurier, le poivre et les étoiles de badiane.
Portez à ébullition et laissez frémir 4 minutes.
Versez les coquillages dans une passoire et faites-les refroidir avant de servir.

Variante
Vous pouvez remplacer la badiane par 2 cuillères à café de piment d'Espelette ; dans ce cas ne mettez pas de poivre.
Vous pouvez proposer une bonne mayonnaise faite maison avec les bulots. Mais le léger goût de la badiane risque de passer inaperçu...

Gros coquillages bivalves

Coquilles Saint-Jacques

Elles se consomment crues ou cuites. Veillez à ce qu'elles soient bien vivantes : quand on touche légèrement la noix, elles doivent se refermer instantanément.

Pour les ouvrir, enfoncez un couteau assez large juste avant la charnière, en gardant la lame contre la coquille. Cherchez le muscle qui maintient les deux valves et coupez-le. Ouvrez, passez sous l'eau fraîche, retirez la chair dentelée et l'estomac noir puis glissez la lame du couteau sous la noix, aussi près que possible de la coquille, et détachez-la. Rincez à l'eau froide.

Ainsi nettoyées, elles peuvent se conserver jusqu'à 3 jours au réfrigérateur.
La méthode classique de cuisson consiste à les faire sauter à la poêle 1 minute de chaque côté et à les assaisonner.

Saint-Jacques sautées à l'ail et au pastis

Pour 4 personnes
20 minutes de préparation
2 minutes de cuisson

16 coquilles Saint-Jacques
2 gousses d'ail finement hachées
2 cuillères à soupe de pastis
huile d'olive
fleur de sel, poivre du moulin

Pour vider et nettoyer les noix de Saint-Jacques, suivez les indications de la page 136. Vous pouvez aussi demander au poissonnier de les préparer, mais vérifiez que cela a bien été fait. Passez-les sous un filet d'eau et séchez-les avant de les faire cuire. Faites chauffer 2 cuillères à soupe d'huile d'olive dans une grande sauteuse. Faites dorer les noix de Saint-Jacques avec l'ail 1 minute de chaque côté à feu vif. Versez le pastis, flambez puis assaisonnez avec de la fleur de sel et quelques tours de moulin à poivre. Servez immédiatement avec une salade verte assaisonnée à l'huile d'olive.

Astuce • Si vous n'avez pas de grande sauteuse, faites cuire les Saint-Jacques en deux fois. Maintenez la première fournée au chaud entre deux assiettes et nettoyez votre sauteuse avec du papier absorbant puis faites-y chauffer à nouveau un peu d'huile d'olive avant de faire sauter la deuxième fournée. Vous pouvez aussi remplacer l'ail par 16 feuilles de basilic : dans ce cas, poivrez-les largement mais ne les flambez pas au pastis. C'est simple et délicieux !

Bouillon de Saint-Jacques

Pour 4 personnes
20 minutes de préparation
35 minutes de cuisson
30 minutes de marinade au minimum

16 noix de Saint-Jacques
4 carottes épluchées et coupées en rondelles
1 poireau
1 oignon coupé en fins quartiers
3 tiges de citronnelle fraîche coupées en tronçons
1 morceau de gingembre de 2 cm épluché et râpé
le jus de 1 citron vert
1/2 bouquet de coriandre fraîche
1 cuillère à soupe d'huile d'olive
sel, poivre

Pour vider et nettoyer les noix de Saint-Jacques, suivez les indications de la page 136. Vous pouvez aussi demander au poissonnier de les préparer, mais vérifiez que cela a bien été fait. Passez-les sous un filet d'eau et séchez-les avant de les faire cuire. Faites mariner les noix de Saint-Jacques dans un plat avec la moitié du jus de citron, l'huile d'olive, du sel et du poivre ; couvrez-les de film alimentaire et mettez-les au frais 1 heure.
Coupez le poireau en deux puis en petits tronçons. Portez 1 litre d'eau salée et poivrée à ébullition puis ajoutez la citronnelle et le gingembre. Laissez frémir 20 minutes. Filtrez le bouillon puis remettez-le dans la casserole ; ajoutez les légumes et laissez cuire 10 minutes à petits frémissements. Versez le reste de jus de citron, goûtez et rectifiez l'assaisonnement.
Répartissez le bouillon et les noix de Saint-Jacques dans des assiettes à soupe. Parsemez de coriandre ciselée et faites patienter vos amis 5 minutes afin que les noix de Saint-Jacques soient parfaitement « al dente ».

Astuce • Les 30 minutes de marinade indiquées sont un minimum pour les Saint-Jacques, bien entendu vous pouvez les laisser plus longtemps au frais.
Vous pouvez préparer cette recette en deux temps, réchauffer le bouillon au dernier moment, y faire cuire les légumes et finir en intégrant les noix de Saint-Jacques. Cela vous permettra de ne pas rester bloqué dans la cuisine pendant que vos invités prennent l'apéritif ou mangent l'entrée...

Saint-Jacques à la crème de corail

Pour 4 personnes
20 minutes de préparation
15 minutes de cuisson

16 noix de Saint-Jacques avec leur corail
2 cuillères à soupe de crème fraîche épaisse
2 cuillères à soupe de vinaigre de vin
1 échalote grossièrement hachée
1 gousse d'ail finement haché
2 branches d'estragon
10 g de beurre
huile d'olive
fleur de sel, poivre du moulin

Demandez au poissonnier de belles coquilles Saint-Jacques avec leur corail. Pour les vider et les nettoyer, suivez les indications de la page 136. Vous pouvez aussi demander au poissonnier de les préparer, mais vérifiez que cela a bien été fait. Passez-les sous un filet d'eau puis séchez-les avant de les faire cuire. Il est important de séparer le corail des noix blanches. Dans une petite casserole, faites réduire l'échalote dans le vinaigre avec les feuilles d'estragon et l'ail finement haché. Dès que le vinaigre s'est évaporé, incorporez le beurre, salez légèrement et donnez quelques tours de moulin à poivre. Dans une poêle antiadhésive, faites sauter très rapidement, en moins de 1 minute, les coraux de tous les côtés. Mixez les coraux avec la crème fraîche et le mélange beurre-échalote-estragon. Donnez quelques tours et passez la sauce dans une passoire très fine. Salez et poivrez les noix de Saint-Jacques. Faites chauffer 1 cuillerée à soupe d'huile d'olive dans une grande sauteuse. Faites-y dorer les noix de Saint-Jacques 1 minute de chaque côté, à feu vif. Hors du feu, incorporez la crème de corail et servez aussitôt avec une fondue de poireaux (page 184).

Carpaccio de Saint-Jacques à l'huile de truffe

Pour 4 personnes
30 minutes de préparation
1 heure de congélation

8 belles noix de Saint-Jacques
huile parfumée à la truffe noire
fleur de sel, poivre du moulin

Pour vider et nettoyer les noix de Saint-Jacques, suivez les conseils de la page 136. Vous pouvez aussi demander à votre poissonnier de vous les préparer, mais vérifiez que cela a bien été fait. Passez-les sous un filet d'eau et séchez-les sur du papier absorbant. Enveloppez-les dans du film alimentaire et mettez-les 1 heure au congélateur.
Pendant ce temps, préparez les assiettes en les badigeonnant au pinceau d'huile parfumée à la truffe noire.
Dès que les noix sont assez fermes, sortez-les du congélateur et détaillez-les en fines lamelles de 2 mm d'épaisseur à l'aide d'un couteau bien aiguisé. Disposez-les en rosace sur chaque assiette. Couvrez les assiettes de film alimentaire et placez-les au frais.
Au moment de passer à table, arrosez les noix de Saint-Jacques d'un filet d'huile parfumée à la truffe noire et assaisonnez avec la fleur de sel et un tour de moulin à poivre.

Astuce • Ne mettez pas trop d'huile de truffe car elle parfume beaucoup, 1 cuillère à thé par assiette suffit amplement. Vous pouvez remplacer l'huile de truffe par un peu de très bonne huile d'olive mélangée à quelques gouttes de jus de citron et y ajouter quelques pignons grillés. Vous pouvez aussi renforcer le goût en truffe en parsemant vos noix de Saint-Jacques de fines lamelles de truffe fraîche juste tranchées.
Vous trouverez l'huile parfumée à la truffe noire dans des épiceries fines ou italiennes.

Coquillages à perle

Huîtres

Elles se consomment crues ou cuites. Il existe de nombreuses variétés qui se distinguent par leur taille, leur goût et leur texture. Je vous recommande vivement les fines de claires n° 2 pour leur léger goût de noisette.

Achetez toujours des huîtres vivantes dégageant une bonne odeur de coquillage frais.
Elles supportent très mal le réfrigérateur, mais si vous les ouvrez toutes avant de les déguster, vous devez les garder au frais et ne pas les consommer au-delà de 18 heures.
Si vous ne les ouvrez pas tout de suite, conservez-les au frais dans leur panier, à l'abri de la lumière, pendant 4 à 5 jours.

Pour ouvrir les huîtres, munissez-vous d'un couteau adapté et d'un torchon... Tenez la coquille dans le torchon, partie arrondie en dessous, et insérez la lame du couteau entre les deux valves, près de la charnière. Faites pivoter le couteau pour ouvrir légèrement la coquille, glissez la lame vers l'avant de l'huître et coupez le muscle. Vous pouvez vider l'eau de mer : si les huîtres sont bien fraîches, elle se reformera.

Petit coquillage...

Moules

Il en existe de nombreuses espèces, mais je vous conseille vivement les moules de bouchot. Elles peuvent être farcies, cuites au four, sautées dans un faitout ou même grillées...

Les moules doivent être soigneusement lavées sous l'eau courante. Aidez-vous d'un petit couteau pour les débarrasser des coquillages accrochés sur leur coque, et ôtez les filaments attachés. Veillez à bien éliminer toutes celles qui sont ouvertes, cassées ou simplement percées.

Elles peuvent se conserver 24 heures, dans le bas du réfrigérateur, enveloppées dans un torchon humide ; vous devrez alors les nettoyer au dernier moment.

Le mode de cuisson le plus classique consiste à les faire sauter dans une cocotte fermée jusqu'à ce qu'elles s'ouvrent.

CREUSES
A DZ
CREUSES N°2
PLEINES MER
4€90 A DZ
MOULES
DE BOUCHOTS
le LITRE

Moules à la citronnelle

Pour 4 personnes
20 minutes de préparation
15 minutes de cuisson

1 l de moules de bouchot
4 oignons frais émincés
1 morceau de gingembre de 2 cm épluché
1 petit piment rouge frais
2 tiges de citronnelle découpées en fines rondelles
20 cl de lait de coco
1/2 bouquet de coriandre fraîche
sel, poivre

Lavez et grattez les moules. Coupez le gingembre en fins bâtonnets, détaillez le piment en petits morceaux. Mettez les oignons, le gingembre, le piment et la citronnelle dans un grand faitout, versez le lait de coco et laissez frémir 10 minutes. Ajoutez les moules, couvrez et laissez cuire 3 à 5 minutes en secouant de temps en temps, jusqu'à ce qu'elles soient toutes ouvertes. À l'aide d'une écumoire, retirez les moules et faites réduire le jus de cuisson de moitié. Filtrez-le, salez, poivrez et versez la sauce sur les moules. Saupoudrez de coriandre ciselée, mélangez et servez aussitôt.

Astuce • Ces proportions correspondent à une entrée ; si vous souhaitez servir les moules en plat principal, comptez 500 g par personne, soit le double.

Moules au munster

Pour 4 personnes
25 minutes de préparation
15 minutes de cuisson

1 l de moules de bouchot
75 g de munster
2 échalotes finement émincées
20 g de beurre
2 verres de vin blanc sec
10 cl de crème liquide
1/2 bouquet de persil plat
sel, poivre du moulin

Lavez et grattez les moules. Dans un faitout, faites fondre les échalotes dans le beurre.
Ajoutez les moules, versez le vin blanc, donnez quelques tours de moulin à poivre, couvrez et laissez cuire 3 à 5 minutes en secouant de temps en temps, jusqu'à ce que toutes les moules soient ouvertes. Enlevez la croûte du fromage puis détaillez-le en fines lamelles. À l'aide d'une écumoire, retirez les moules et faites réduire le jus de cuisson de moitié puis filtrez-le. Ajoutez la crème liquide et le fromage, laissez fondre 10 minutes à feu doux, en remuant avec une cuillère en bois. Versez la sauce sur les moules, mélangez avec soin et saupoudrez de persil ciselé avant de servir.

Astuce • Ces proportions correspondent à une entrée ; si vous souhaitez servir les moules en plat principal, comptez 500 g par personne, soit le double.

Moules à la provençale

Pour 4 personnes
20 minutes de préparation
20 minutes de cuisson

2 l de moules de bouchot
1 gousse d'ail hachée
1 poivron rouge coupé en petites lamelles
2 tomates pelées coupées en petits cubes
1 oignon coupé en petits quartiers
150 g de poitrine fumée
30 cl de vin blanc sec
1 branche de thym
1 feuille de laurier
1 bouquet de basilic
sel, poivre du moulin

Lavez et grattez les moules. Coupez la tranche de poitrine fumée en petits dés.
Dans un faitout, faites dorer les lardons avec l'oignon 5 minutes à feu moyen, puis ajoutez l'ail, le poivron, les tomates, le thym et le laurier. Assaisonnez avec un peu de sel et quelques tours de moulin à poivre. Faites cuire 10 minutes à feu doux, à couvert, en remuant de temps en temps avec une cuillère en bois pour que cela n'accroche pas. Ajoutez les moules et le vin blanc. Couvrez et laissez cuire 3 à 5 minutes en secouant de temps en temps jusqu'à ce qu'elles soient toutes ouvertes.
Juste avant de servir, parsemez-les de basilic ciselé et remuez délicatement.

Moules à la crème

Pour 4 personnes
15 minutes de préparation
8 minutes de cuisson

2 l de moules de bouchot
2 échalotes finement émincées
50 g de beurre salé
30 cl de vin blanc sec
1 branche de thym
1 feuille de laurier
25 cl de crème fraîche
1 bouquet de persil plat
sel, poivre du moulin

Lavez et grattez les moules. Dans un faitout, faites fondre les échalotes dans le beurre.
Ajoutez les moules, le thym, le laurier, versez le vin blanc, donnez quelques tours de poivre du moulin, couvrez et laissez cuire 3 à 5 minutes en secouant de temps en temps jusqu'à ce que les moules soient toutes ouvertes.
À l'aide d'une écumoire, retirez les moules, le thym et le laurier. Ajoutez la crème liquide dans le jus de cuisson et portez à ébullition. Vérifiez l'assaisonnement. Versez la crème sur les moules, mélangez délicatement et parsemez-les de persil ciselé avant de servir.

Mollusques

Calamars et encornets

On peut les consommer frits, sautés ou farcis.

Pour les préparer, tirez la tête, coupez les tentacules et jetez la tête. Ensuite, ouvrez la poche en deux (sauf si vous voulez les farcir), passez-la sous l'eau pour éliminer la couche glaireuse et le cartilage ; gardez éventuellement la poche à encre. Enfin, retirez la membrane extérieure en frottant avec vos mains et du sel ou en vous aidant d'une éponge grattante.

Après les avoir tranchés, la cuisson consiste à les faire sauter très rapidement pour éviter qu'ils ne durcissent, pendant 3 à 4 minutes.

Seiches

Vous procéderez exactement de la même façon que pour les calamars. Vous trouverez dans la seiche une coquille interne à la place du cartilage, c'est l'os de seiche.

Poulpes

Ils peuvent être grillés, pochés, sautés, frits ou cuits à la vapeur.

Pour les préparer, séparez la tête des tentacules et ôtez le bec en le poussant au milieu des tentacules. Séparez les yeux de la tête en coupant un petit disque et ôtez les intestins en poussant pour les extraire de la tête.

Pour attendrir la chair, frappez-la à l'aide d'un maillet ou faites-la blanchir dans de l'eau bouillante.

Le sac d'encre doit être enlevé avant la cuisson. Vous pouvez le conserver pour concocter un excellent risotto noir.

Faites-les cuire de 60 à 90 minutes selon leur taille. Il faut attendre qu'ils soient très tendres avant de les déguster.

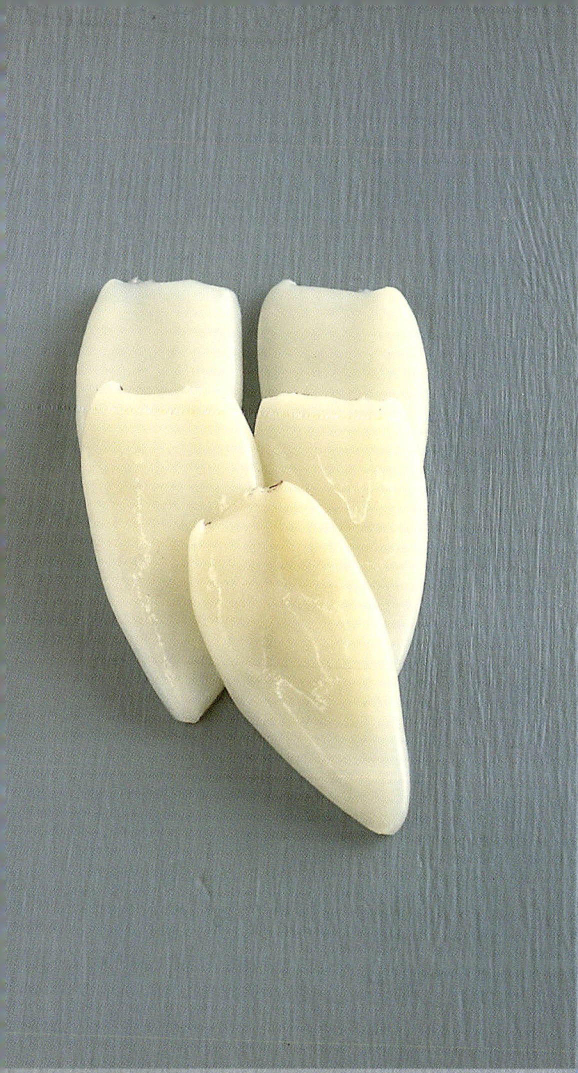

TINTA DE
CALAMAR
Norma

Encornets farcis

Pour 6 personnes
1 heure de préparation
30 minutes de cuisson

300 g d'encornets petits ou moyens
150 g de viande hachée
1 gousse d'ail
6 oignons frais
1 morceau de gingembre de 4 cm
4 brins de coriandre
2 brins de menthe
2 brins de basilic thaï
1 petit piment rouge frais
5 cuillères à soupe de sauce soja
1 cuillère à café de nuoc-mâm
1 cuillère à soupe d'huile de sésame
2 cuillères à soupe d'huile d'olive
1 cuillère à café de sucre en poudre
20 cl de bouillon de volaille
50 g de vermicelles de soja

Lavez les encornets, séparez du corps la tête et les tentacules, dégagez le bec et coupez-le. Coupez également les yeux et les intestins. Réservez les tentacules. Nettoyer les encornets à l'intérieur en retirant les glaires et le cartilage et à l'extérieur en enlevant la fine pellicule grise. Mettez du sel sur vos mains et frottez les encornets, la pellicule partira facilement ; gardez les corps entiers.
Faites chauffer 1 cuillère à soupe d'huile d'olive dans une sauteuse puis faites-y dorer la viande hachée. Ajoutez les tentacules hachés, la gousse d'ail écrasée, les oignons frais coupés en petites rondelles (le blanc et le vert), la moitié du gingembre, épluchée et coupée en petits bâtonnets, le piment rouge épépiné détaillé en petites rondelles, 1 cuillère à soupe de sauce soja et le nuoc-mâm. Mélangez le tout et laissez cuire 10 minutes à feu doux, à couvert.
Pendant ce temps, faites chauffer le bouillon de volaille faites-y cuire les vermicelles de soja 4 minutes puis égouttez-les. À l'aide d'une paire de ciseaux, coupez-les en petits tronçons puis incorporez-les au mélange dans la sauteuse. Versez le tout dans un récipient à travers une passoire et réservez le jus de cuisson. Ajoutez les herbes fraîches (coriandre, menthe et basilic thaï) grossièrement hachées.
Farcissez le corps des encornets avec le mélange en ne les remplissant qu'aux deux tiers et fermez avec un cure-dent. Avec la pointe d'un couteau, piquez les encornets en quelques endroits pour qu'ils n'éclatent pas à la cuisson.
Préchauffez le four à 150 °C (thermostat 5).
Dans une grande sauteuse, versez 1 cuillère à soupe d'huile d'olive puis faites sauter les encornets 3 minutes de chaque côté. Procédez en plusieurs fois afin qu'ils soient bien saisis.
Disposez les encornets farcis sur du papier d'aluminium, arrosez-les du jus de cuisson que vous avez réservé, refermez et maintenez au chaud dans le four. Préparez la sauce d'accompagnement dans un bol avec le reste de sauce soja, l'huile de sésame, le sucre en poudre et le reste de gingembre pelé et râpé.
Servez les encornets bien chauds avec la sauce ou nature avec une salade relevée.

Astuce • La difficulté de cette recette est de faire entrer la farce dans les encornets ; je vous propose d'utiliser un entonnoir.
La taille des encornets est très vriable, il faut en compter environ 3 ou 4 petits par personne. La quantité de farce indiquée dans cette recette convient parfaitement pour 25 petits encornets.
Vous trouverez le basilic thaï dans des épiceries exotiques.

Seiches sautées sel et poivre

Pour 6 personnes
25 minutes de préparation
8 minutes de cuisson

800 g de blancs de seiches
10 g de beurre salé
2 cuillères à soupe d'huile d'olive
3 gousses d'ail hachées
1/2 bouquet de persil
fleur de sel, poivre du moulin

Demandez à votre poissonnier de préparer les blancs de seiches. Vous pouvez aussi le faire vous-même : coupez la tête et les tentacules et faites une incision pour extraire les entrailles et la poche d'encre que vous pourrez conserver pour faire un risotto noir. Retirez l'os et nettoyez les blancs de seiches sous un filet d'eau. Séchez-les et cisaillez-les pour faciliter la cuisson : coupez-les en deux puis, sur chaque blanc, faites des incisions en biais dans les deux sens afin de former des losanges.
Dans une grande sauteuse, faites chauffer la moitié du beurre avec 1 cuillère à soupe d'huile d'olive, jetez-y la moitié des seiches avec la moitié de l'ail, salez et poivrez. Laissez dorer de toute part pendant 3 minutes en remuant de temps en temps. Réservez au chaud.
Nettoyez la sauteuse avec du papier absorbant et procédez de même avec l'autre moitié des seiches. Faites-les dorer 3 minutes puis ajoutez les premières seiches, pour les réchauffer, ainsi que le persil ciselé. Poursuivez la cuisson 2 minutes. Servez immédiatement avec une salade verte bien relevée.

Conseil • Pour cette recette, je vous conseille de prendre de toutes petites seiches, leur chair est plus tendre et fondante. Vous pouvez remplacer l'ail et le persil par 150 g de chorizo coupé en tranches fines et faites-les cuire en même temps que les blancs de seiches non pas dans du beurre mais dans 2 cuillerées d'huile d'olive... Ce n'est pas la peine de trop saler ni trop poivrer.

Chipirons à l'encre avec des pâtes

Pour 6 personnes
40 minutes de préparation
35 minutes de cuisson

400 g d'encornets
500 g de spaghetti très fins
1 oignon
1 boîte de 240 g de tomates pelées
1 verre de vin blanc sec
1/2 bouquet de persil plat
1/2 bouquet de ciboulette
3 gousses d'ail
2 doses d'encre
huile d'olive
sel, poivre

Lavez les encornets, séparez du corps la tête et les tentacules, dégagez le bec et coupez-le. Coupez également les yeux et les intestins. Réservez les tentacules. Nettoyez les encornets à l'intérieur en retirant les glaires et le cartilage et à l'extérieur en enlevant la fine pellicule grise, puis tranchez les corps en fines rondelles.
Faites dorer les encornets (tentacules et corps) 2 minutes à feu vif dans 2 cuillères à soupe d'huile d'olive dans une sauteuse. Ajoutez l'ail haché et le persil ciselé puis poursuivez la cuisson à feu vif 2 minutes. Réservez les encornets au chaud.

Dans une grande cocotte, faites chauffer 1 cuillère à soupe d'huile d'olive puis faites-y dorer l'oignon tranché finement 5 minutes, à feu vif. Ajoutez les tomates pelées écrasées à la fourchette avec leur jus et le vin blanc, salez et poivrez. Couvrez et laissez cuire à feu doux 15 minutes. Ajoutez les doses d'encre et poursuivez la cuisson 5 minutes à feu doux, toujours à couvert.
Pendant ce temps, faites chauffer une grande marmite d'eau et faites-y cuire les pâtes 2 à 3 minutes de moins que le temps indiqué sur le paquet. Prélevez deux louches d'eau de cuisson des pâtes et versez-les dans la sauce, remuez et ajoutez les pâtes puis les encornets. Remuez à nouveau et laissez cuire 2 à 3 minutes à feu doux tout en remuant.
Rectifiez l'assaisonnement et servez immédiatement parsemé de ciboulette ciselée.

Astuce • Pour enlever la fine pellicule grise des encornets, mettez du sel sur vos mains et frottez-les, la pellicule partira facilement.
Vous trouverez les doses d'encre chez votre poissonnier, à moins que les encornets que vous avez achetés en soient pourvus : gardez les poches et récupérez l'encre en les plaçant dans une passoire au-dessus d'un bol et en les écrasant avec une petite cuillère.

Petits crustacés

Crevettes grises, roses, bouquets ou gambas...

Qu'il s'agisse de crevettes grises ou roses, de bouquets ou de gambas, il faut vous assurer de leur fraîcheur. Si vous les achetez déjà cuits, leur queue doit être rabattue sur l'abdomen, preuve qu'ils ont été cuits vivants.

Le mode de cuisson le plus simple des « petits modèles » est de les plonger dans une eau bouillante très salée entre 2 et 3 minutes. Si vous pouvez les faire cuire dans de l'eau de mer, c'est encore meilleur. Dégustez-les encore chauds. Vous ferez sauter les gambas à la poêle 2 minutes de chaque côté.

L'épluchage est simple : ôtez la tête puis retirez la carapace autour du tronc et tirez doucement sur la queue pour enlever ce qu'il reste d'une seule pièce. Pour finir, entaillez le dos et retirez le mince filament de l'appareil digestif. Vous pouvez utiliser les têtes et carapaces pour préparer un fumet.

Astuce • Si vous ne trouvez pas de crevettes crues chez votre poissonnier, voici un petit truc pour rafraîchir des crevettes achetées déjà cuites : faites chauffer une casserole d'eau avec 1 poignée de gros sel, 1 cuillère à café de poivre, 1 feuille de laurier et 3 brins de thym. Versez l'eau bouillante sur les crevettes (dans une passoire), égouttez et servez immédiatement. Saupoudrez d'une pincée de fleur de sel.

Langoustines

Ne prenez que les langoustines vivantes, rejetez toutes celles dont la queue commence à noircir et dont la tête se détache d'elle-même. Choisissez-les de même taille et préférez les petites pour une cuisson au court-bouillon et les plus grosses pour passer sous le gril.

Si vous ne les faites pas cuire immédiatement, conservez-les au réfrigérateur dans un récipient couvert de film alimentaire.

La cuisson la plus simple consiste à les jeter dans un très grand volume d'eau bouillante, salée, poivrée et additionnée d'un zeste de citron. Elles sont cuites dès la reprise de l'ébullition, sortez-les immédiatement. Vous pouvez les faire griller au four 4 à 5 minutes, après les avoir coupées en deux et badigeonnées de beurre et d'aromates.

Pour les décortiquer, séparez la queue du thorax, découpez la paroi du ventre à l'aide d'une paire de ciseaux, retirez la chair et enlevez le long filament noir avec la pointe d'un couteau. Une fois cuites il faut les manger rapidement, car elles ne supportent plus le réfrigérateur.

CITRON

Crevettes grises au thym

Pour 4 personnes
1 minute de préparation
3 minutes de cuisson

800 g de crevettes grises crues
3 branches de thym frais
1 feuille de laurier
5 poignées de gros sel
2 cuillères à soupe de poivre en grains

Portez à ébullition 3 litres d'eau avec le thym, le laurier, le sel et le poivre.
Plongez les crevettes grises dans l'eau bouillante et laissez-les cuire 3 minutes.
Égouttez-les bien sur du papier absorbant et mangez immédiatement avec des tranches de pain avec un peu de beurre salé... hum !

Tempura de crevettes

Pour 4 personnes
40 minutes de préparation
15 minutes de cuisson

20 gambas moyennes crues
125 g de farine + 1 cuillère à soupe
2 œufs
2 cuillères à soupe d'huile d'arachide
15 cl de bière
1 cuillère à café de sel
1 cuillère à café de poudre de piment de Cayenne
10 brins de coriandre
1,5 l d'huile de pépins de raisin
sauce aigre-douce

Pour préparer la pâte à beignets, mettez 125 g de farine en fontaine dans une terrine, ajoutez les œufs, l'huile d'arachide et le sel. Mélangez avec une cuillère en bois et incorporez petit à petit la bière. Ajoutez le piment de Cayenne et la coriandre ciselée. Couvrez d'un torchon et laissez reposer 2 heures.
Faites chauffer l'huile de pépins de raisin dans une friteuse ou dans un wok.
Décortiquez les gambas en laissant la queue, pratiquez une incision tout le lond du dos et retirez le petit filament noir. Roulez-les dans le reste de farine et tapotez bien pour enlever l'excédent.
Préchauffez le four à 150 °C (thermostat 5).
Plongez chaque gamba dans la pâte tempura en la tenant par la queue puis faites-les frire par petits groupes pendant 2 minutes environ ; elles doivent être parfaitement dorées. Épongez-les sur du papier absorbant. Disposez les gambas sur du papier d'aluminium et maintenez-les au chaud dans le four.
Servez-les chaudes avec la sauce aigre-douce (au rayon exotique des supermarchés).

Véritables scampi fritti

Pour 4 personnes
20 minutes de préparation
10 minutes de cuisson par série
2 heures de repos

800 g de grosses langoustines
250 g de farine + 1 cuillère à soupe
3 œufs
3 cuillères à soupe d'huile d'arachide
25 cl de bière
1 cuillère à café de sel
2 citrons verts
huile de friture

Pour préparer la pâte à beignets, mettez 250 g de farine en fontaine dans une terrine, ajoutez les œufs, l'huile d'arachide et le sel. Mélangez avec une cuillère en bois et incorporez petit à petit la bière. Couvrez d'un torchon et laissez reposer 2 heures.
Mettez le bain de friture à chauffer (il est préférable d'utiliser une friteuse pour cette recette).
Préchauffez le four à 150 °C (thermostat 5).
Décortiquez les langoustines et roulez-les dans la farine restante, tapotez bien pour enlever l'excédent. Trempez les langoustines dans la pâte à beignets et plongez-les dans le bain de friture. Procédez en plusieurs fois.
Lorsque les beignets sont bien dorés, égouttez-les sur du papier absorbant et gardez-les au chaud dans le four, sur une plaque de cuisson.
Découpez les citrons en quartiers et servez les scampi chauds.
Vous pouvez également proposer une sauce tartare maison. Pour ma part, je les préfère nature avec un peu de citron...

Note • Vous pouvez réaliser cette recette avec des grosses crevettes. Dans ce cas, décortiquez-les avant de les faire cuire ; le temps de cuisson est quasi identique.

ÉCHOS

Crevettes au gingembre

Pour 4 personnes
5 minutes de préparation
3 minutes de cuisson

600 g de bouquets (crevettes roses) crus
20 g de beurre salé
1 morceau de gingembre de 4 cm
1 cuillère à soupe de sucre
poivre du moulin

Épluchez le gingembre et coupez-le en fins bâtonnets. Faites chauffer le beurre dans la sauteuse et mettez-y les crevettes et le gingembre. Donnez quelques tours de poivre de moulin à poivre et saupoudrez de sucre. Faites-les sauter 3 minutes à feu vif, en secouant plusieurs fois la sauteuse. Servez aussitôt avec une petite salade d'herbes (page 184).

Variante • Vous pouvez réaliser cette recette avec des crevettes déjà cuites. Versez-les dans la sauteuse 2 minutes après le gingembre et laissez-les griller pendant 1 minute.

Gambas au curry rouge

Pour 6 personnes
40 minutes de préparation
20 minutes de cuisson
30 minutes de marinade

12 grosses gambas crues
3 cuillères à soupe de sauce soja claire
2 cuillères à soupe de sauce d'huître
15 cl de lait de coco
1 cuillère à café de sucre en poudre
poivre

POUR LA PÂTE DE CURRY ROUGE :
1 piment rouge épépiné
1 échalote émincée
1 tige de citronnelle hachée
1 feuille de citron de cafre
1 racine de coriandre
3 grains de poivre
1/3 de cuillère à café de graines de coriandre
1/3 de cuillère à café de graines de cumin
1 pincée de cannelle en poudre
1/3 de cuillère à café de curcuma en poudre
1/3 de cuillère à café de pâte de crevette
1 cuillère à soupe d'huile d'arachide

Faites mariner les gambas dans la sauce soja et la sauce d'huître avec un peu de poivre pendant 30 minutes, au frais. Mettez tous les ingrédients du curry rouge dans un mortier, à l'exception de l'huile, puis écrasez avec le pilon jusqu'à obtention d'une pâte homogène. Ajoutez l'huile et mélangez de nouveau. Faites chauffer le gril du four. Placez les gambas sur une grille et faites-les cuire 5 minutes d'un côté puis retournez-les et laissez-les cuire encore 3 minutes. Dans une casserole, portez le lait de coco à ébullition et incorporez la pâte de curry rouge et le sucre. Laissez chauffer 10 minutes à petit feu. Servez les gambas aussitôt, arrosées de la sauce et avec un riz à la cardamome (page 186).

Langoustines au basilic

Pour 4 personnes
20 minutes de préparation
8 minutes de cuisson

16 grosses langoustines crues
100 g de beurre salé
8 feuilles de basilic ciselées
poivre

Faites chauffer le gril du four. Faites fondre le beurre dans une petite casserole, à feu doux, avec le basilic et 1 pincée de poivre. Coupez les langoustines en deux dans le sens de la longueur, enlevez uniquement le boyau noir. Posez les carapaces dans le fond sur une plaque de cuisson recouverte d'une feuille de papier d'aluminium. Versez le beurre au basilic sur les langoustines et placez-les dans le four, très pès du gril ; laissez cuire pendant 8 minutes. Servez les langoustines très chaudes. Attention à ne pas vous brûler et n'oubliez pas serviettes et rince-doigts !

Crevettes sautées à la coriandre

Pour 4 personnes
30 minutes de préparation
5 minutes de cuisson

20 grosses crevettes crues
1/2 bouquet de coriandre fraîche
2 poignées de roquette
1 cuillère à soupe de sauce soja
huile d'olive
fleur de sel, poivre du moulin

Décortiquez les crevettes et enlevez le tube digestif noir en incisant le dos.
Lavez et égouttez la roquette. Lavez, séchez et ciselez la coriandre.
Préparez un assaisonnement avec la sauce soja et 4 cuillères à soupe d'huile d'olive de très bonne qualité, un peu de sel et du poivre du moulin.
Dans une poêle, faites chauffer 1 cuillère à soupe d'huile d'olive et répartissez-la bien. Faites-y dorer les crevettes 2 minutes de chaque côté, à feu vif ; ajoutez la coriandre, un peu de sel et quelques tours de moulin à poivre. Prolongez la cuisson de quelques secondes.
Servez immédiatement les crevettes tièdes avec la roquette assaisonnée.

Soupe de crevettes à la citronnelle

Pour 4 personnes
30 minutes de préparation
30 minutes de cuisson
30 minutes minimum de marinade

16 grosses crevettes crues
4 feuilles de makrout
1 racine de galanga
3 tiges de citronnelle fraîche
4 petits piments rouges frais
le jus de 1 citron vert
2 cuillères à soupe de Nam Pla
4 oignons frais
300 g de champignons de Paris
le jus de 1 citron jaune
1/2 bouquet de coriandre fraîche
sel, poivre

Décortiquez les crevettes, réservez les têtes et les carapaces et enlevez le tube digestif noir en incisant le dos.
Faites mariner les crevettes dans un plat avec la moitié du jus de citron jaune, du sel et du poivre ; couvrez de film alimentaire et mettez 1 heure au frais.
Dans une casserole, couvrez les têtes et les carapaces des crevettes avec 75 cl d'eau et portez à ébullition. Ajoutez ensuite les feuilles de makrout, la racine de galanga coupée en tranches fines, les tiges de citronnelle en petits tronçons, 3 piments et le blanc des oignons en rondelles (réservez les tiges vertes). Laissez frémir 20 minutes.

Pendant ce temps, nettoyez les champignons et coupez-les en quartiers, arrosez-les du reste de jus de citron jaune afin qu'ils ne noircissent pas et réservez-les. Détaillez les tiges vertes des oignons en petits tronçons, écrasez le dernier piment dans un mortier et ciselez la coriandre.
Filtrez le bouillon puis remettez-le dans la casserole, ajoutez le Nam Pla, le jus de citron vert et les champignons. Laissez cuire 5 minutes à petits frémissements.
Vérifiez l'assaisonnement et ajoutez le piment broyé à votre goût.
Plongez les crevettes dans la soupe bien chaude, poursuivez la cuisson 2 minutes à petits bouillons puis servez immédiatement, saupoudré de coriandre et de vert d'oignon.

Astuce • Vous pouvez tout préparer la veille, réchauffer le bouillon et faire cuire les crevettes au dernier moment. Les 30 minutes de marinade sont un minimum pour les crevettes, bien entendu vous pouvez les laisser plus longtemps au frais.
Pour une version plus sucrée, vous pouvez ajouter 15 cl de lait de coco à votre bouillon en même temps que le Nam Pla, le jus de citron et les champignons ; vous ne couvrirez alors les crevettes qu'avec 50 cl d'eau.

Le roi des crustacés

Homard

Je vous conseille le homard breton. Assurez-vous qu'il est bien vivant : il bouge, sa queue est repliée sous le corps, sa carapace et tous les membres sont durs et intacts.

Préférez plusieurs homards de 400 à 500 g à un gros homard. Les femelles sont moins garnies que les mâles au niveau des pattes mais contiennent des œufs à partir desquels on peut faire de succulentes sauces.

Classiquement, le homard est plongé vivant dans l'eau bouillante pendant 12 minutes environ. Idéalement, il faudrait prendre de l'eau de mer, mais aujourd'hui on trouve dans le commerce du gros sel de mer qui parfume très bien l'eau courante.

Une variante consiste à le griller coupé en deux pendant 12 à 15 minutes. Si vous ne vous sentez pas d'attaque pour le trancher vivant, vous pouvez toujours l'ébouillanter quelques secondes avant de procéder à la découpe.

Avant de le saisir juste derrière la tête, entre le pouce et l'index, vérifiez que les pinces sont bien attachées.

Pour le préparer, ôtez la tête et à l'aide d'une paire de ciseaux coupez au milieu du ventre, écartez la carapace et tirez délicatement la chair en un seul morceau.

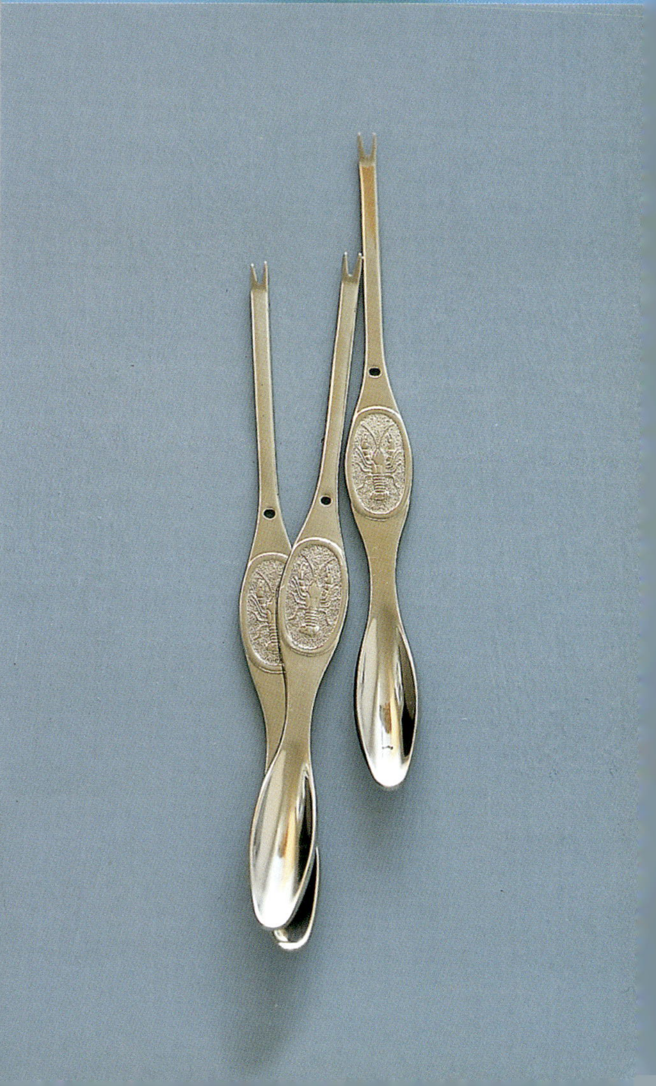

Homards à l'eau de mer

Pour 4 personnes
25 minutes de préparation
12 minutes de cuisson

4 homards de 400 g
4 l d'eau de mer ou 4 cuillères à soupe de sel de mer
50 g de beurre salé
le jus de 1/2 citron
poivre du moulin

Si vous êtes au bord de la mer, allez chercher de l'eau de mer et filtrez-la. Sinon, salez votre eau douce avec du sel de mer du supermarché. Faites bouillir l'eau et plongez-y les homards vivants, la tête la première. Couvrez et laissez cuire 12 minutes puis égouttez-les. Pendant la cuisson, faites fondre le beurre dans une petite casserole avec le jus de citron et du poivre du moulin. Enlevez la tête et récupérez les pinces puis découpez aux ciseaux l'intérieur de la carapace pour récupérer la chair de la queue en un seul morceau. Proposez le homard arrosé du beurre au citron avec des pommes de terre à la vapeur, et les pinces à part avec les outils appropriés.

Suggestion • Vous pouvez aussi manger le homard froid avec une bonne mayonnaise maison (page 178).

Nage de homard à la citronnelle

Pour 4 personnes
30 minutes de préparation
25 minutes de cuisson

2 homards de 600 g
1 poireau coupé en morceaux
2 carottes épluchées et coupées en morceaux
2 tiges de citronnelle fendues en deux
1 pincée de safran
1 brin de thym
1 feuille de laurier
fleur de sel, poivre du moulin

Faites cuire les homards vivants à l'eau bouillante salée pendant 5 minutes. Égouttez-les puis laissez-les refroidir. Faites chauffer 1,2 litre d'eau salée et poivrée avec le thym, le laurier, les tiges de citronnelle et la pincée de safran. Dès que l'eau bout, plongez-y les légumes et laissez-les cuire 10 minutes. Décortiquez les homards : ôtez la tête et coupez au milieu du ventre avec des ciseaux, écartez la carapace et tirez la chair en un seul morceau. Coupez la queue en plusieurs morceaux puis cassez les pinces avec une pince à crabe et récupérez la chair à l'aide de longues fourchettes à homard. Ajoutez la chair des homards à la nage et poursuivez la cuisson 8 minutes. Ôtez le thym et le laurier avant de servir dans des assiettes creuses ; proposez de la fleur de sel et du poivre du moulin.

Homards grillés rouges

Pour 4 personnes
20 minutes de préparation
12 minutes de cuisson

2 homards femelles de 400 à 500 g
20 g de beurre fondu
15 cl de crème fraîche
1 pincée de safran
sel, poivre

Demandez au poissonnier des femelles, pour récolter les œufs. Faites chauffer le gril du four. Coupez les homards en deux dans le sens de la longueur. Si cela vous rebute, ébouillantez-les pendant quelques secondes. Jetez la poche à gravier et l'intestin et récupérez le jus, les œufs, le foie (vert) et le corail (noir). Enduisez la chair des homards de beurre fondu. Déposez les homards sous le gril rouge, côté carapace sur une plaque de cuisson. Laissez-les 12 minutes environ. Écrasez les œufs avec les organes et le jus dans un mortier. Dans une casserole au bain-marie, mélangez la crème fraîche avec les œufs de homard écrasés, le safran, 1 pincée de sel et 1 pincée de poivre. Laissez chauffer à feu doux et conservez au chaud sur le bain-marie. Dès que les homards sont cuits, la chair n'est plus translucide ; servez-les avec la sauce rouge dessus ou à part.

Bisque bien améliorée

Pour 4 personnes
20 minutes de préparation
10 minutes de cuisson

1 homard cuit (Picard)
80 cl de bisque de homard
50 g de parmesan
12 croûtons
1/2 bouquet de ciboulette
huile d'olive
fleur de sel, poivre du moulin

Décortiquez le homard : ôtez la tête et coupez au milieu du ventre avec des ciseaux, écartez la carapace et retirez la chair en un seul morceau. Coupez la queue en plusieurs morceaux puis cassez les pinces avec une pince à crabe et récupérez la chair à l'aide de longues fourchettes à homard. Réchauffez la bisque dans une grande casserole. Répartissez la chair de homard dans des assiettes creuses, ajoutez le parmesan coupé en lamelles et les croûtons. Versez la bisque de homard bien chaude, arrosez d'un filet d'huile d'olive et parsemez de ciboulette ciselée. Proposez de la fleur de sel et du poivre du moulin.

Conseil • Vous trouverez des homards déjà cuits chez Picard ; il suffit de les décongeler. Choisissez une bonne bisque de homard en y mettant le prix (en épicerie fine).

Autres crustacés

Étrilles

C'est pour moi de loin, le crabe le plus fin au palais. Choisissez-les toujours vivants, bien lourds mais pas trop gros. Plongez-les dans un court-bouillon chaud et comptez 10 à 15 minutes, selon leur taille, après la reprise de l'ébullition. Pour les préparer, détachez la partie supérieure de la carapace et coupez le crabe en deux parties. Posez-les horizontalement et, à l'aide d'un couteau bien affûté, découpez le crabe entre les pattes : c'est ainsi que vous pourrez extraire le maximum de chair. Aidez-vous des ustensiles appropriés pour casser les pinces et sortir la chair.

Tourteaux

Choisissez-les encore vivants ; la carapace doit être sale. Prenez des femelles de préférence. Soupesez l'animal qui doit être dense et bien plein. Pour les faire cuire et les préparer, procédez comme pour les étrilles mais comptez plutôt 25 minutes de cuisson au court-bouillon.

Oursins

Ils se mangent crus, mais avant tout il faut les ouvrir ! Prenez-les dans la main gauche bien protégée et, à l'aide de petits ciseaux, piquez dans la partie molle, près de la bouche, puis découpez un couvercle. Il vous suffit ensuite de prélever les coraux à l'aide d'une petite cuillère retournée (partie bombée sur le dessus) pour éviter d'extraire les filaments noirâtres.

Araignées

Vous devez les acheter vivantes ; plus elles sont lourdes, meilleures elles sont. Prenez des femelles de préférence : leur goût est plus fin. Faites-les cuire au court-bouillon en comptant 25 minutes après la reprise de l'ébullition. Elles sont meilleures chaudes. Pour les préparer, coupez en deux l'abdomen de haut en bas et chaque moitié à nouveau en deux, toujours dans le même sens. Ensuite, désenclavez chaque patte de l'abdomen. Aidez-vous d'une longue tige pour extirper la chair des pattes.

Tourteau juste à l'huile d'olive et au citron

Pour 4 personnes
40 minutes de préparation
25 minutes de cuisson

2 tourteaux vivants de 1 kg
3 l de court-bouillon au cidre (page 16)
8 cuillères à soupe d'huile d'olive
le jus de 1 1/2 citron
1 belle laitue
sel, poivre du moulin

Plongez les crabes dans le court-bouillon bien chaud pendant 25 minutes. Égouttez-les et laissez-les refroidir.
Pendant ce temps, lavez la salade, essorez-la puis préparez l'assaisonnement avec l'huile d'olive, le jus de citron, du sel et du poivre du moulin.
Pour récupérer la chair des crabes, procédez comme indiqué ci-contre pour les étrilles.
Assaisonnez la salade avec la moitié de la sauce, mélangez et répartissez-la dans les assiettes.
Déposez la chair de crabe, dans chaque assiette, à côté de la salade et arrosez-la avec le reste de l'assaisonnement.

Araignée mayonnaise

Pour 4 personnes
50 minutes de préparation (pour le court-bouillon)
25 minutes de cuisson

4 araignées femelles bien lourdes
3 l de court-bouillon classique (page 16)

Plongez les araignées dans le court-bouillon bien chaud et laissez-les cuire 25 minutes après la reprise de l'ébullition. Égouttez-les et servez-les immédiatement avec une bonne mayonnaise mais on (page 178).
Pour préparer les araignées, suivez les indications données ci-contre.

Oursins à la coque

Pour 6 personnes
30 minutes de préparation
8 minutes de cuisson

12 oursins
6 œufs frais
beurre salé
baguette
sel, poivre

Pour ouvrir les oursins, suivez les indications de la page 172, découpez un large couvercle au tiers de la hauteur et prélevez les coraux.
Préchauffez le four à 240 °C (thermostat 8).
Nettoyez l'intérieur de 6 oursins et jetez les autres coques... Attention à ne pas vous faire mal !
Répartissez la moitié du corail dans les six coques, cassez 1 œuf dans chacune, ajoutez 1 noisette de beurre, salez et poivrez.
Placez sur une plaque de cuisson et faites cuire pendant 8 minutes.
Dès qu'ils sont cuits, répartissez l'autre moitié du corail dans les oursins et servez immédiatement avec des mouillettes de baguette au beurre salé.

SPICY CHESAPEAKE
SEAFOOD HOT SAUCE

Accompagnements

beurre noisette

riz gluant

ratatouille

mayo maison

pommes de terre écrasées

rouille

Beurre noisette

Pour 4 personnes
25 minutes de préparation
3 minutes de cuisson

150 g de beurre
1 cuillère à soupe de jus de citron
sel, poivre

Pour clarifier le beurre, coupez-le en morceaux et mettez-le à fondre doucement sans remuer. Retirez progressivement l'écume en surface. Versez le beurre clarifié dans un bol en prenant soin que le dépôt blanchâtre reste au fond de la casserole. Lavez la casserole et faites chauffer le beurre jusqu'à ce qu'il prenne une couleur noisette. Salez, poivrez et ajoutez le jus de citron. Servez très chaud pour accompagner des poissons grillés.

Beurre blanc à la vanille

Pour 4 personnes
10 minutes de préparation
15 minutes de cuisson

2 gousses de vanille
5 échalotes finement hachées
2 cuillères à soupe de vinaigre de vin blanc
4 cuillères à soupe de vin blanc
250 g de beurre froid en petits morceaux
sel, poivre

Faites réduire les échalotes avec le vinaigre et le vin blanc à feu moyen tout en remuant jusqu'à absorption quasi totale du liquide (environ 5 minutes). Incorporez le beurre tout en fouettant puis ajoutez les graines de vanille prélevées dans les gousses. Salez, poivrez et servez.

Sauce hollandaise

Pour 4 personnes
20 minutes de préparation
15 minutes de cuisson

125 g de beurre froid en petits morceaux
2 jaunes d'œufs
le jus de 1/2 citron
sel, poivre

Mettez de l'eau à bouillir dans une grande casserole. Dans une plus petite, mélangez les jaunes d'œufs au jus de citron. Salez et poivrez. Dès que l'eau bout, posez la petite casserole dessus et fouettez jusqu'à ce que le mélange épaississe. Incorporez les morceaux de beurre tout en fouettant. Si vous ne servez pas la sauce tout de suite, laissez-la sur le bain-marie tiède. Parfait pour les poissons cuits au court-bouillon.

Suggestions • Ajoutez une cuillère de caviar juste avant de servir. Pour alléger la sauce, battez les deux blancs en neige et incorporez-les délicatement à la préparation tiède.

Mayonnaise maison

Pour 4 à 6 personnes
15 minutes de préparation

2 jaunes d'œufs
25 cl d'huile d'olive
1 cuillère à café de vinaigre de vin
2 cuillères à café de moutarde plus ou moins forte
sel, poivre

Sortez les œufs du réfrigérateur 1 heure à l'avance. Mélangez les jaunes d'œufs avec du sel, du poivre et la moutarde. Versez l'huile goutte à goutte tout en remuant vivement. Quand la moitié de l'huile est utilisée, versez le vinaigre puis continuez avec l'huile d'olive en procédant par petites quantités. Goûtez et rectifiez l'assaisonnement.

Un peu de rouille...

Pour 6 personnes
25 minutes de préparation

5 gousses d'ail dégermées
2 petits piments rouges épépinés et en petits morceaux
2 jaunes d'œufs
25 cl d'huile d'olive
sel, poivre

Pilez l'ail et les piments très finement dans le bol d'un mortier. Mélangez les jaunes d'œufs avec le mélange pilé, du sel et un peu de poivre. Versez l'huile goutte à goutte tout en remuant vivement. Ce condiment très relevé accompagne la soupe de poissons ou la bouillabaisse. Utilisez-le à doses modérées. Pour l'aïoli, procédez de la même façon, mais sans les piments et avec plus de poivre.

Beurre blanc à l'estragon

Pour 4 personnes
10 minutes de préparation
20 minutes de cuisson

3 échalotes finement hachées
1 cuillère à soupe de vinaigre de vin
10 cl de vin blanc
250 g de beurre
5 brins d'estragon
sel, poivre

Faites réduire les échalotes avec le vinaigre et le vin blanc à feu moyen jusqu'à absorption quasi totale du liquide (environ 10 minutes). Toujours sur le feu, incorporez le beurre froid en petits morceaux tout en fouettant, puis 2 cuillerées à soupe d'eau tiède et l'estragon ciselé. Salez, poivrez et servez immédiatement.

Conseil • Si vous avez peur de ne pas réussir votre beurre blanc à l'estragon, n'hésitez pas à le faire au bain-marie. Avec de l'estragon, c'est délicieux, mais vous pouvez aussi parfumer cette sauce avec de la menthe, du basilic, du persil, des pousses d'oseille ou de l'aneth.

La sauce « à Kikine »

Pour 6 personnes
15 minutes de préparation
1 heure de marinade

1 bouquet de basilic
2 tomates
10 cl d'huile d'olive
2 cuillères à soupe de vinaigre balsamique
sel, poivre du moulin

Ébouillantez les tomates, trempez-les dans l'eau glacée et pelez-les. Coupez-les en deux, retirez la pulpe et coupez-les en petits morceaux. Faites-les mariner 1 heure dans le vinaigre balsamique, au frais. Mixez les feuilles de basilic, l'huile d'olive, du sel et du poivre du moulin. Donnez quelques impulsions, versez dans un bol, ajoutez les tomates marinées. Servez avec un poisson grillé.

Sauce verte

Pour 6 personnes
15 minutes de préparation

1/3 de bouquet de cerfeuil haché finement
1/3 de bouquet de persil plat haché finement
1/3 de bouquet d'estragon haché finement
1 poignée de cresson haché finement
1/3 de bouquet de ciboulette hachée finement
4 œufs durs écrasés
5 cornichons coupés en petits morceaux
1 cuillère à soupe de câpres
5 cuillères à soupe d'huile d'olive
2 cuillères à soupe de vinaigre de vin
sel, poivre

Dans un bol, versez le vinaigre, l'huile d'olive, salez, poivrez, mélangez puis ajoutez les herbes, le cresson, les œufs, les cornichons et les câpres. Servez avec un poisson cuit au court-bouillon ou un poisson froid.

Crème au gingembre

Pour 4 personnes
5 minutes de préparation
15 minutes de cuisson

25 cl de crème fraîche liquide
1 morceau de gingembre de 4 cm coupé en morceaux
sel, poivre du moulin

Faites chauffer la crème fraîche dans une casserole avec le gingembre pendant 15 minutes à feu moyen, sans porter à ébullition. Filtrez, salez, poivrez. Servez avec un poisson cuit au court-bouillon, à la vapeur ou en papillote.

Suggestion • Vous pouvez parfumer la crème avec 2 branches de citronnelle fendues ou même de l'ail écrasé... C'est délicieux car les arômes restent très subtils et se marient parfaitement au goût du poisson. Dans tous les cas, vous devez filtrer la crème avant de la servir.

Sauce vierge

Pour 6 personnes
15 minutes de préparation
2 heures de marinade

4 tomates
2 gousses d'ail
1/2 bouquet de ciboulette
3 brins d'estragon
10 feuilles de basilic
le jus de 1 citron
25 cl d'huile d'olive
sel, poivre

Ébouillantez les tomates, coupez-les en deux et retirez les graines. Pelez l'ail, dégermez-le et hachez-le. Lavez et séchez les herbes puis ciselez la ciboulette, les feuilles d'estragon et le basilic. Réunissez dans un bol les tomates concassées, l'ail, les herbes, le jus de citron et l'huile, salez et poivrez. Laissez mariner ce mélange 2 heures avant de le servir avec du poisson au court-bouillon ou cuit à la vapeur.

Beurre à l'huile d'olive et au citron

Pour 4 personnes
5 minutes de préparation
5 minutes de cuisson

100 g de beurre salé
3 cuillères à soupe d'huile d'olive
le jus de 1/2 citron
poivre du moulin

Dans un bol, mettez le beurre en morceaux, l'huile d'olive, le jus de citron et donnez quelques tours de moulin à poivre. Placez le bol au micro-ondes et faites chauffer 2 minutes à moyenne puissance. Vous pouvez aussi le faire chauffer dans une casserole à feu doux pendant 5 minutes. Servez bien chaud pour accompagner un poisson cuit au court-bouillon ou à la vapeur.

Huile d'olive, graines de fenouil

Pour 4 personnes
5 minutes de préparation

6 cuillères à soupe d'huile d'olive
le jus de 1/2 citron
1 cuillère à soupe de graines de fenouil
sel, poivre du moulin

Dans un bol, mélangez tous les ingrédients, salez, poivrez et servez avec un poisson grillé.

Ratatatouille de Thalie

Pour 6 à 8 personnes
30 minutes de préparation
4 heures de cuisson

6 courgettes
1 petite aubergine
3 oignons
2 boîtes de 240 g de tomates pelées
6 poivrons (rouges, jaunes ou orange)
1/2 cuillère à café de cumin en poudre
1/2 bouquet de coriandre fraîche
1/2 cuillère à café de piment doux en poudre
huile d'olive
sel, poivre

Dans un grand faitout, versez 3 cuillères à soupe d'huile d'olive et faites-y dorer les oignons coupés en quartiers, à feu vif, pendant 5 minutes.
Dès que les oignons sont dorés, ajoutez les tomates et leur jus, les courgettes coupées en gros cubes, l'aubergine coupée en morceaux. Salez, poivrez, ajoutez le cumin, la coriandre grossièrement hachée et le piment doux. Laissez cuire à feu très doux, à couvert, pendant 2 heures.
Pendant ce temps, faites chauffer le gril du four et mettez les poivrons à griller jusqu'à ce qu'ils soient bien noirs de tous les côtés. Enfermez-les dans un sac hermétique ou dans une boîte en plastique et laissez-les refroidir. Dès que vous pouvez les toucher sans vous brûler, passez-les sous un filet d'eau froide, enlevez la peau et les grains puis coupez-les en lanières.
Après les deux premières heures de cuisson de la ratatouille, ajoutez les poivrons et poursuivez la cuisson encore 2 heures à feu très doux, à découvert. Veillez à ce qu'elle ne brûle pas, sinon arrêtez la cuisson. Rectifiez l'assaisonnement.
Servez chaud ou froid : dans les deux cas c'est une merveille !

Endives braisées au citron

Pour 4 personnes
10 minutes de préparation
25 minutes de cuisson

8 endives de taille moyenne
50 g de beurre
2 cuillères à soupe de sucre en poudre
le jus de 1/2 citron
huile d'olive
sel, poivre

Lavez les endives, essuyez-les, coupez le trognon puis évidez le cône amer à la base de chaque endive. Faites-les cuire 20 minutes à la vapeur.
Dans une grande sauteuse, faites chauffer le beurre avec 2 cuillères à soupe d'huile d'olive, posez les endives, saupoudrez-les de sucre, salez, poivrez et laissez dorer 3 minutes à feu vif, en les retournant à mi-cuisson. Arrosez de jus de citron et servez immédiatement.

Courgettes sautées aux épices

Pour 4 personnes
10 minutes de préparation
10 minutes de cuisson

4 courgettes à peau fine
1 cuillère à café de quatre-épices
huile d'olive
fleur de sel, poivre du moulin

Lavez les courgettes puis coupez-les en petits cubes sans les peler.
Faites chauffer 2 cuillères à soupe d'huile d'olive dans une grande sauteuse, mettez-y les courgettes et laissez-les dorer de tous côtés 5 à 10 minutes ; elles doivent rester « al dente ».
Salez, poivrez et saupoudrez de quatre-épices.
Servez immédiatement.

Écrasé de pommes de terre

Pour 6 personnes
30 minutes de préparation
15 minutes de cuisson

1 kg de pommes de terre charlotte

VERSION HUILE D'OLIVE :
10 cl d'huile d'olive
fleur de sel, poivre du moulin

VERSION BEURRE :
150 g de beurre salé
le jus de 1 citron
1/3 de bouquet de persil plat
poivre du moulin

Faites cuire les pommes de terre épluchées à l'eau salée 15 minutes ; vérifiez la cuisson avec la pointe d'un couteau et mettez-les dans un grand plat.
À l'aide d'une fourchette, écrasez-les en incorporant progressivement soit l'huile d'olive, avant de saler et poivrer, soit le beurre salé ramolli, le jus de citron, avant de poivrer et de parsemer de persil ciselé.
Dans les deux cas, c'est délicieux et le mariage avec du poisson est absolument parfait.

Conseil • N'utilisez jamais le mixeur. C'est un peu plus long à la fourchette, mais cela permet de conserver la texture de la pomme de terre tout en gardant quelques morceaux. Utilisez de bons produits : une excellente huile d'olive enrichira ce plat d'apparence banale.

Fondue de poireaux au beurre salé

Pour 4 personnes
5 minutes de préparation
15 minutes de cuisson

800 g de petits poireaux nouveaux
50 g de beurre
fleur de sel, poivre du moulin

Nettoyez les poireaux, jetez la partie verte et faites-les cuire 10 minutes à la vapeur. Égouttez-les sur du papier absorbant. Faites chauffer le beurre dans une grande sauteuse et déposez-y les poireaux les uns contre les autres puis laissez-les dorer 2 minutes de chaque côté à feu moyen. Assaisonnez de fleur de sel et de poivre du moulin et servez immédiatement.

Salade d'herbes

Pour 6 personnes
15 minutes de préparation

300 g de mesclun
1/2 bouquet de ciboulette
1/2 bouquet de coriandre
1/2 bouquet de cerfeuil
3 brins d'estragon
3 brins de persil plat
quelques feuilles de basilic
3 cuillères à soupe d'huile d'olive
le jus de 1/2 citron vert (si vous mettez du soja)
1 cuillère à soupe de sauce soja (facultatif)
fleur de sel, poivre du moulin

Lavez et séchez toutes les herbes et la salade. Dans un saladier, mélangez le jus de citron avec l'huile d'olive et la sauce soja, déposez le mesclun et effeuillez grossièrement la coriandre, le cerfeuil, le persil et l'estragon. Ajoutez la ciboulette ciselée et les feuilles de basilic. Assaisonnez à la fleur de sel et donnez quelques tours de moulin à poivre. Réservez au frais et fatiguez la salade juste avant de la servir. Vous pouvez ajouter du parmesan découpé en fines lamelles à l'aide d'un économe, des tomates confites ou séchées coupées en petits morceaux, des pignons de pin...

Conseil • Attention à la fleur de sel : mettez en très peu si vous utilisez de la sauce soja.

Haricots verts à la coriandre

Pour 6 personnes
20 minutes de préparation
12 minutes de cuisson

1,2 kg de haricots verts frais
1/2 bouquet de coriandre
huile d'olive
fleur de sel, poivre du moulin

Faites chauffer une grande quantité d'eau salée. Pendant ce temps, équeutez les haricots, enlevez les fils, lavez-les et égouttez-les. Plongez-les dans l'eau bouillante et laissez-les cuire à légers frémissements pendant 12 minutes, à découvert.
Égouttez les haricots, mettez-les dans un grand plat, arrosez d'huile d'olive, parsemez de coriandre ciselée et assaisonnez à la fleur de sel et au poivre du moulin.
Dégustez immédiatement.

Tomates fondues au basilic

Pour 6 personnes
20 minutes de préparation
30 minutes de repos
2 heures 30 de cuisson

12 tomates en grappe
3 cuillères à café de concentré de tomates
2 gousses d'ail
15 feuilles de basilic
1/2 cuillère à café de cumin en poudre
2 cuillères à soupe de sucre en poudre
huile d'olive
sel, poivre du moulin

Faites chauffer le four à 150 °C (thermostat 3). Lavez les tomates, coupez-les en deux, enlevez les pépins puis laissez-les 30 minutes à l'envers posées sur du papier absorbant afin de les sécher au maximum.
Dans un bol, mélangez 2 cuillères à soupe d'huile d'olive avec le concentré de tomates, les gousses d'ail hachées finement, les feuilles de basilic ciselées et le cumin en poudre.
Badigeonnez d'huile d'olive un plat allant au four et rangez-y les tomates, peau contre le fond du plat.
À l'aide d'une petite cuillère, déposez sur chaque tomate un peu de mélange, arrosez-les d'un filet d'huile d'olive, donnez quelques tours de moulin à poivre et saupoudrez de sucre en poudre. Enfournez et laissez cuire pendant 2 heures 30.

Riz à la cardamome

Pour 6 personnes
5 minutes de préparation
15 minutes de cuisson

3 verres de riz basmati
3 gousses de cardamome fendues
1 cuillère à soupe d'huile d'olive
sel, poivre du moulin

Lavez le riz plusieurs fois jusqu'à ce que l'eau soit claire.
Faites bouillir l'équivalent de 6 verres d'eau salée.
Dans une casserole, faites chauffer le riz avec l'huile et quelques tours de moulin à poivre, à feu doux, pendant 5 minutes ; remuez souvent.
Versez l'eau bouillante sur le riz, ajoutez les gousses de cardamome, couvrez à moitié et poursuivez la cuisson à feu doux jusqu'à totale absorption de l'eau (environ 10 à 12 minutes). Rectifiez l'assaisonnement.
Servez chaud.

Riz au safran

Pour 6 personnes
5 minutes de préparation
15 minutes de cuisson

3 verres de riz basmati
1 bonne pincée de pistils de safran
1 cuillère à soupe d'huile d'olive
sel, poivre du moulin

Lavez le riz plusieurs fois jusqu'à ce que l'eau soit claire.
Faites bouillir l'équivalent de 6 verres d'eau salée avec les pistils de safran.
Dans une casserole, faites chauffer le riz avec l'huile et quelques tours de moulin à poivre, à feu doux, pendant 5 minutes ; remuez souvent.
Versez l'eau bouillante sur le riz, ne mélangez pas, couvrez à moitié et poursuivez la cuisson à feu doux jusqu'à totale absorption de l'eau (environ 10 à 12 minutes). Rectifiez l'assaisonnement.
Servez chaud.

Riz aux oignons

Pour 6 personnes
10 minutes de préparation
15 minutes de cuisson

3 verres de riz thaï
2 oignons doux
1 cuillère à soupe d'huile d'olive
sel, poivre du moulin

Lavez le riz plusieurs fois jusqu'à ce que l'eau soit claire.
Faites bouillir l'équivalent de 6 verres d'eau salée.
Dans une casserole, faites chauffer le riz avec l'huile d'olive et les oignons tranchés en fins quartiers. Donnez quelques tours de moulin à poivre et faites chauffer 5 minutes à feu doux ; remuez souvent.
Versez l'eau bouillante sur le riz, ne mélangez pas, couvrez à moitié et poursuivez la cuisson à feu doux jusqu'à totale absorption de l'eau (environ 10 à 12 minutes). Rectifiez l'assaisonnement.
Servez chaud.

Riz gluant

Pour 6 personnes
12 heures de trempage
5 minutes de préparation
1 heure de cuisson

450 g de riz gluant « riz glutineux »

Lavez le riz plusieurs fois jusqu'à ce que l'eau soit claire.
Couvrez-le d'eau et laissez-le tremper 12 heures au frais.
Égouttez le riz et mettez-le dans le panier du cuit-vapeur. Faites-le cuire 1 heure à la vapeur.
Le riz est cuit lorsqu'il est translucide et parfaitement collant.
Servez-le pour accompagner du poisson cru ou du poisson en sauce au lait de coco, au gingembre, à la coriandre...
Pour le réchauffer, n'utilisez surtout pas le four ni le micro-ondes : faites-le à nouveau à la vapeur.

Annexes

Table des recettes

Index des recettes par poisson

Shopping

Fond peint

- **Farrow and ball :** pages 31, 33, 39, 40, 41, 47, 49, 51, 57, 63, 69 bd, 73, 77, 79, 83, 89, 90, 119, 121, 123, 137, 145, 147, 159, 151, 169, 171, 173, 175, 179, 181, 183.

AC Matière : page 117, page 149 hd / bg, page 165 hg.

Tissus

- **Agape :** pages 31, 35, 36, 37, 53, 71, 77, 80, 81, 84, 91, 93, 112, 113, 115, 118, 125, 131, 139, 141, 149 hg, 165 bd, 183, 185.

Zéro one one : page 35 serviette.

- **Jeannine Cros :** page 31 hg et bg, torchon page 37, torchon page 39 hd et bg, torchon page 60, page 69 hg/hd/bg, 75, 87, page 135 hd, 138, 143, 145 bg, 185 hd,

Le Bon Marché : page 43.

Vaisselle

- **Muji :** page 31, assiette page 39, bol page 51, cuillère page 55, assiette page 87, plat page 77 bd, assiette et couverts page 91, bol page 115, fourchette hg / assiette hd / bol et fourchette bg page 123, couverts page 133, assiette page 138, bol page 165 hd, fourchette page 165 bg, plat page 155, bol page 171 hg, assiette page 173 bd, bol page 179 hg, plat page 185 hg.
- **Charlotte Vejlo pour Luka Luna :** tasse et sous-tasse page 31 hd, sous-tasse page 40, sous-tasse page 119, tasse page 121, sous-tasse page 125, sous-tasse page 135 hg, tasse et sous-tasse page 165 hg, tasse page 171 hd, tasse et sous-tasse page 179 bd.
- **Agapé :** page 31, plateau et verre bd page 33, couteau page 35, planche page 36, cuillère page 37, couteau page 40, coquetier page 43, poissonnière et timbale bg pages 49, 52, 53, plat page 55, plat page 59, couverts page 61, bol et petit bateau page 67, plat et assiettes page 69, fourchette page 70, 73, fourchette et salière page 75, plat hg page 77, cuillère page 81, 85, fourchette page 84, cuillère page 89, plat page 93, assiette et fourchette page 115, assiette hg et cuillère bd page 123, plats hg / bd et bol bg page 131, assiette page 133, bol page 139, plat page 141, poêle bg page 149, 160, poêle page 161, 163, entonnoir page 151 hd, plat et cuillère page 175, mortier page 179 md, cuillère page 181 md, cocotte page 183 hg, cuillère page 185 hg, poêle page 185 hd, plat page 185 bg, plat page 185 bd, bol et cuillère page 187 bg.
- **Kitchen Bazaar :** page 37, assiette, plat page 51, assiette page 89, récipient blanc page 135 hd, fourchette page 173 bd, assiette page 183 hd.
- **La Samaritaine :** page 31, verre page 39, poissonnière hd page 49, assiette page 75, plateau et couteau page 119, assiette et verre bd page 123, verre page 161, verre et bol page 179 hd et bg, cuillère page 181 hg, bol page 181 md, mug et passoire page 181 bg, verre et assiette page 181 bd, bol page 187 hd.
- **Dehillerin :** couteau page 41.
- **Le Bon Marché :** assiette page 43, assiette et bol page 70, assiette page 84, assiette page 113, assiette bd page 165, assiette page 165 bg, plat et bol page 181 hg et mg, bol page 187 hg.
- **Asa :** plat page 47, 57, bol page 59, plat page 60, plat page 63, assiette page 79, poêle page 83, assiette page 121, plat page 165 hd, bol page 165 bg, coupelle page 156, assiette page 171 bg, coupelle page 175, coupelles page 179 hd et mg.
- **Guy Degrenne :** couverts page 49 bd, assiette page 61, cuillère page 63, assiettes page 123 bg.
- **Zéro one one :** couverts page 69 hd, fourchette page 113, fourchette page 118, baguettes page 123 hd, baguettes page 125, couverts page 185 bg.
- **CFOC :** assiette page 71, assiette page 80, coupe page 81, bol page 131 hd, bol page 149 hg, assiette et bol page 167, assiette page 157, assiette page 155, assiette page 183 bd.
- **Matthieu Beth pour Luka Luna :** bol page 90, bol page 171 bd.
- **The Conran Shop :** plaque et mug page 112, bol page 181 hd.
- **Stéphane Plassier :** plat et bol page 135 hd, plat page 156.
- **Tsé Tsé :** assiette page 143.

Déco

Plein gaz : miniature page 87.

Carnet d'adresses

AC Matière, panneaux décoratifs
184, quai de Jemmapes, 75010 Paris, tél : 01 42 02 05 16

Agape, brocante et décoration
91, avenue Jean-Baptiste-Clément, 92100 Boulogne, tél : 01 47 12 04 88

Asa
www.asa-selection.com, tél : 00 492 624 189 45

CFOC
167, bd Saint-Germain, 75006 Paris, tél : 01 45 48 10 31

Dehillerin
18, rue Coquillère, 75001 Paris, tél : 01 42 36 53 13

Farrow & Ball
50, rue de l'Université, 75007 Paris, tél : 01 45 44 47 94

Guy Degrenne
9, avenue de Niel, 75017 Paris, tél : 01 45 74 01 57

Jeannine Cros
11, rue d'Assas, 75006 Paris, tél : 01 45 48 00 67

Kitchen Bazaar
11, avenue du Maine, 75015 Paris, tél : 01 42 22 91 17

La Samaritaine
19, rue de la Monnaie, 75001 Paris, tél : 01 40 41 20 20

Le Bon Marché
24, rue de Sèvres, 75007 Paris, tél : 01 44 39 80 00

Luka Luna
77, rue de la Verrerie, 75004 Paris, tél : 01 48 87 28 18

Muji
47, rue des Francs-Bourgeois, 75004 Paris, tél. 01 49 96 41 41

Plein Gaz, jouets anciens
1, rue Saint-Benoît, 75006 Paris, tél : 01 42 60 89 57

Stéphane Plassier
point de vente, tél : 01 42 80 07 05

The Conran Shop
117, rue du Bac, 75007 Paris, tél : 01 42 84 10 01

Zero One One
2, rue Marengo, 75001 Paris, tél : 01 42 27 00 11

Remerciements

À Manou surtout, à tous ceux qui m'ont donné des idées, à tous ceux qui ont bien voulu dévoiler leurs petits secrets, leurs recettes... à Brigitte et Paul pour leurs conseils avisés de pêcheurs, à David pour son talent.

Textes et réalisation des recettes : Delphine de Montalier
Photographies : David Japy
Maquette et mise en page : Alexandre Nicolas

Lecture-correction : Philippe Rollet

ISBN : 2501-04314-6
Dépôt légal : n°49629/octobre 2004 - 40.92680/01
Imprimé en Espagne par Graficas Estella